中田正弘×坂田哲人×町支大祐
Nakada Masahiro　Sakata Tetsuhito　Choshi Daisuke

# 学習者主体の「学びの質」を保証する

2030年の学校教育を見据えた子どもと教師の学びの姿とは？

東洋館出版社

# はじめに――AI時代の学びの質保証を考える

令和の時代に入り、日本の教育は新たな転換点を迎えています。変革を司る一つの方向性を示しているのは、「令和の日本型学校教育」（中央教育審議会答申、2021年）に示された、子どもにとっての新たな学びのあり方と、それを支える教師の新しい役割や働き方です。

振り返ってみると、日本の教育はこれまでにも転換期を幾度となく経てきました。あたかもゆりかごが揺れるかのように、これまでの教育改革はそれぞれ目指していた本来の目的を必ずしも果たせないまま、また次の変化、次の変化と繰り返してきたといえます。

例えば、「ゆとり教育」と称される教育に取り組んだものの、わずか数年後には「脱ゆとり教育」へと政策変更を余儀なくされた出来事は、比較的記憶に新しいでしょう。

ここでいう「ゆとり教育」とは、平成期の学習指導要領（1998年改訂、2003年に一部改正）の特徴をとらえて称されたものです。この変革は、結果的には「授業時数の削減」に大半の耳目が集まってしまったからか、「学力低下を招いた」（2000年）という批判の的となりました。この時期に教育を受けた子どもたちは「ゆとり教育世代」などと呼ばれるまでに至り、ゆとり教育が目指そうとしていた本来の趣旨とは異なる受け止められ方をしてしまいました。

当時行われた授業時数の削減は、学習時間を減らすこと自体が目的ではありませんでした。画一的な学習から脱し、ゆとりのある時間の中で子どもたち一人一人が創造性豊かに学べるようにすることだったはずです。しかし、創造性を目指した教育は、期待されたほどの成果を見ることなく、後の学習指導要領（２００８年改訂）で、その方向性は軌道修正されました。

さらに遡れば、「昭和期のゆとり教育」（１９７７年改訂、授業時数の削減によって生じた時数を活用。「学校裁量の時間」〈または「ゆとりの時間」〉と呼称）が実施された過去もあります。高度経済成長に陰りが見えはじめた時代背景のもとに目指されたのは、やはり授業時数を削減する一方で、創造的な人材を輩出しようとするねらいがあったと言われます。

このころから、産業界では創造的なイノベーションは起きず、とみにデジタル産業（殊にOSやプラットフォームなどのソフト産業）においては、アメリカを筆頭とする海外の企業に席巻されてしまいます。

その後もかつての活況を取り戻すことはなく、失われた10年は、やがて失われた20年とも、30年とも言われるようになりました。こうした産業界の動きは教育界の動きと一定の相関関係があると考えるのは、決して飛躍した話ではないでしょう。

ところで、今回の学習指導要領（２０１７年改訂）の審議過程で耳目が集まった「アクティブ・ラーニング」（後に、「主体的、対話的で深い学び」というキーワードに置き換え）と称される取組は、何も目新しいことではありません。海外の教育に目を向ければ、例えばフィンランドでは２０００年以前から取り組まれていた形跡があります。

デジタル教育についても、諸外国では軒並み２０００年代に入って間もなく積極的に取り組まれていました（日本でも一時期積極的に取り組まれていた事例があります）。そう考えると、授業時数や学力問題（偏差値の高低）に気を取られ、右往左往している間に、海外勢にはずいぶんと水をあけられてしまったと言えます。

日本はまだ経済的には豊かな国だとも思われていますが、ＧＤＰ（１人当たりの名目国内総生産）はＯＥＣＤ加盟国38か国中20位と低迷するなど、名目成長率は横ばいで推移し続けています（２０２３年には上昇基調にあるという予測もあります）。

経済的な指標だけではありません。世界幸福度ランキングを見ても、日本は50位から60位の間をいったりきたりといった状況で、経済的な国際水準から考えてみても、決して高いとは言えません。

他方、教育大国と呼ばれる北欧諸国などは、世界幸福度ランキングにおいても上位を占めています。教育という営みそのものが直接的に幸福度を測る指標となっているわけではありませんが、社会的支援（Social Support）、社会的自由（freedom to make life choices）、寛容さ（Generosity）などに影響を及ぼす指標だと言うことはできるでしょう。

加えて現代社会は、ＡＩやロボット技術が急速に発展し、いよいよ人間のあり方自体が問われる時代です。これまでコンピュータは計算能力こそ人間を凌駕するものの、創造性や想像力は人間に及ばないなどと言われてきましたが、そうとも言い切れなくなっています。

自律型ロボットは、これまで人間が担ってきた特定の作業を肩代わりしてくれますし、生成ＡＩに至っては、（プログラミング・コードを含む）的確な文章を高速に出力し、質の高いプロンプト次第で今後の可能性をも示唆します。

こうした現状や今後の進展を鑑みれば、人類が何らかの重要な意思決定を行う際、ＡＩによる出力結果が最も有効な判断材料とみなされるようになるのも、そう遠い未来ではないかもしれません。

さて、こうした社会情勢にある私たちは今、令和の教育改革期を迎えようとしています。この改革を通して、私たちはどのような果実を得ることになるのでしょうか。それを考える際に私たち執筆陣が着目したのが、「学びの質保証」です。これは、学びの「出口」や「成果」に主眼を置こうという発想であり、これまでの改革とは異なる観点から日本の教育のパラダイム転換を検討することが目的です。

他方、「学びの質保証」は、いわゆる「成果主義」や「結果がすべて」などを想起され得る言葉でもあります。例えば、「成果主義」はもともと経営学の分野で発展し、一時期教育界にもち込まれたことがあります。しかし、日本ではあまり馴染まない考え方だとして、近年ではあまり大きな声では言われなくなりました。

こうしたこともあり、「学びの質保証」については、丁寧に説明しておく必要があるでしょう。本書において「出口」や「成果」を重視しようとする本意は、プロセスに「自律性」をもたせたいという趣旨からです。

山登りに喩えてみましょう。

山登りの目標は無事に登頂を果たすことであり、どの登山者にとってもゴールは同じです。しかし、山頂にたどり着くルートはいくつもあります。また、どのようなツール（手立て）を使い、どのようなペース（リソースの配分）で登頂するかもさまざまでしょう。このように、同じ目標を目指しながらも、目標実現のための選択肢はいくつもあるということです。

この考え方は、子どもたちの学習活動にも当てはまります。子どもによって得意なルートやペースがある（得手・不得手がある）だろうし、それを支援する教師の手立ても複数考えられます。

そうした子どもと教師双方の選択肢の組み合わせ（子どもの側は「学習の個性化」、教師の側は「指導の個別化」）を最適化することが、子どもの学びに必ずや寄与するはずです。すなわち、**「出口」や「成果」に主眼を置くという「学びの質保証」の目的は、目的や目標をブレさせずにプロセスを充実する**ということなのです。

視点を変えて言うと、「個別最適な学び」や「自由進度学習」の話も、単なる「やり方をかえる」だけの問題にとどまるものではなく、出口型の目標設定やプロセスの自律性があってはじめて教育効果を期待できるという考え方です。

実を言うとこのアイデアは、例えばオランダなどの教育実践ですでに取り入れられています。こうしたことから、私たちは幾度となくオランダの学校に足を運び、さまざまな実践を目の当たりにしてきました。

とはいえ、海外の事例はその国々にとって有益なものであり、そのまま日本にもち込めばうまくいくというものではありません。むしろ現場が混乱してしまうこともあるでしょう。私たちも「そのままコピーすればいい」などと考えているわけではありません。

ただ、諸外国から学ぶに値する事柄もあります。たとえば、教師のマインドセットや、子どもたちが自律的に学ぶ姿、教室環境の設定などがそうで、これまでの日本において研究されてきた自律的な実践だと読み替えられる場合もあります。

こうした問題意識を背景として、上述した社会情勢なども視野に入れながらこれまでの枠組みを見直し、これからの学校教育をさまざまな視点から考えていくことを目的として本書を上梓しました。

本書は、大きく2つの内容に分けることができます。

前半では、これまでの日本の学校教育における経緯や成果をレビューします。加えて、これまでの日本の教育改革を通じて一定の成果を挙げてきた事例などを紹介しながら、学習プロセスの自律性、令和の日本型学校教育で示されている個別最適な学び、ＩＣＴを活用した学習などに言及します。

後半では、「学校の組織マネジメント」に着目し、これまでの学校のあり方と、これからの学校の姿を提案・展望します。

学校の組織マネジメントはこれまでの教育改革においても常に課題視されてきた事柄であり、私たちが継続して取り組んできた研究の主要なテーマでもあります。その不十分さは、個々の教員の奮闘によって支えられてきた側面があり、私たちの研究のみならず、多くの研究によって明らかにされてきています。

そもそも日本の学校は、授業研究を通じて組織力を担保してきたわけですが、授業研究のあり方は近年大きく変容してきています。そこで本書では、「共同体」の概念に着目し、組織開発論や人材開発論を交えながら議論を発展させていきます。ほかにも、学校組織を効果的に運営するための管理職の役割やリーダーシップ開発についても言及します。

最終章では、カリキュラム・マネジメントを取り上げます。カリキュラム・マネジメントについては、次の二つの観点（意味）があります。

一つは「学びをデザインする」という観点であり、例えば横断的・総合的な学習などがその代表格です。そしてもう一つが、組織マネジメントの観点です。この二つの観点を今後どのように考えていけばよいかについて示唆します。

私たち執筆陣は研究グループのメンバーとして、これまで10年以上にわたって学校教育に関する国内外のさまざまな調査研究を実施してきました。そうして蓄積してきた知見をもとにしつつ、さらには私たち執筆陣が展望する、令和時代の日本型学校教育について提言したいと思います。

（坂田哲人）

＊

本書は、文部科学省科学研究費助成事業の受給を受け、研究課題「教師の組織的な学習を通したカリキュラム・マネジメント能力の開発に関する実証的研究」（基盤研究C―2019～2022年度、課題番号19K02513、研究代表：中田正弘）のもとに取り組んできた研究成果を中心に、「学びの質保証」という側面から整理し直したり、新たに書き起こしたりするなどして、1冊にまとめたものです。

最後に、この場を借りて、これまでの調査にご協力いただきました数多くの方々に御礼申し上げるとともに、読者のみなさまにおかれては、本書が少しでもお役に立てることを願ってやみません。

令和5年10月吉日　中田正弘、坂田哲人、町支大祐

〈目次〉



## 第1章　学びの質保証は、子どもと教師の相互作用

## 第2章　個別最適の議論と学びの質保証

第1章

# 学びの質保証は、<br>子どもと教師の<br>相互作用

子どもたちの学びの質を高めていくためには、学習指導の工夫・改善はもちろん、教師が一人一人の学習状況を的確にとらえ、指導に生かす形成的評価を行うなど、評価の機能を学習指導に生かしていくことが欠かせません。日常の学習指導における「指導と評価の一体化」の重要性は、誰もが認めるところだと思います。

こうした教師の一連の取組は、子どもたちの学びの質を高めていくうえで重要です。しかし、私たちは、それだけにとどまらず、子どもたちの学びへの主体的な参加と、それを支持し、サポートする教師との相互作用及びそこに内在する諸要因に着目しています。学びへの参加は、子どもたち自身の主体的な行為です。仮に、学習規律を守り、静かに自席に座っていたとしても、それが真に学びに参加していることにはなりません。では、子どもたち一人一人が、主体的に学びに参加し、質の高い学びを展開していくにはどうしたらいいのでしょうか。

本章ではまず、わが国の一連の教育改革・施策の中で「個に応じた指導」がどのように展開されてきたのかを概観します。そのうえで、学習における「主体性」「主体的な学び」について再検討するとともに、参考になるいくつかのシーンから、「学びの質保証」を支える要因を探ってみたいと思います。

＊

なお、「保障」「保証」の用語については、文部科学省等の表記に基づきながら、本書では、次のような意味の違いで使い分けています。「保障」については、権利や行為が損なわれないようにするという意味から、例えば「学びの保障」などとし、「保証」については、結果について責任を負うという意味から、例えば「学びの質保証」などとしています。

## 「個に応じた指導」「学びの保障」に関する議論と展開

わが国の学校教育は、コロナウイルス感染症の拡大に伴う長期的な全国一斉休校を契機として、改めて「一人一人の学びの保障」や「自立的な学習者の育成」に焦点が当てられ、「令和の日本型学校教育」が日本の教育の近未来像として示されました。目指すべき「令和の日本型学校教育」の姿とは、「全ての子どもたちの可能性を引き出す、個別最適な学びと、協働的な学びの実現」にあります（中央教育審議会答申。以下「2021中教審答申」という）。量的な保障もさることながら、一人一人の学びの質的な保証につながる教育・学習指導の実現は、これからの学校教育の重要な課題になると考えます。

子どもたち一人一人の学びの質保証について検討するにあたり、まずは、学習指導要領や国の審議会答申等を基に、「個に応じた指導」や「学びの保障」等に関する議論と展開について考えてみます。

## 1　ゆとりと充実の中での「個に応じた指導」

わが国の教育改革・施策の流れを振り返ってみると、今回２０２１中教審答申で提言された個別最適な学びが、決して新たな施策として登場してきたものではないことがわかります。

ここでは、明治初期、第二次大戦後に次ぐ「第三の教育改革」と位置付けられ、学校教育全般にわたる包括的な改革整備の施策を提言した中央教育審議会答申（１９７１）「今後における学校教育の総合的な拡充整備のための基本的施策について」（「四六答申」とも言う）から検討してみます。

この答申の背景には、社会の急速な進展と変化が学校教育に多くの新しい課題を投げかけていたことや、高等学校及び大学への進学率の上昇やベビーブーム世代の到来による急速な量的拡充が教育の多様化を要請し、学校教育のあり方の見直しが求められるようになったことがありました。

答申では、初等中等教育の根本問題のひとつとして、次のように指摘しています。

すべての個人は生得的にも後天的にもひとりひとり特性を異にし、同じことを修得させるためにも同じ教育方法でよいとは限らず、まして、個性的な発達をはかるべき時期には教育の内容・方法については画一をさけ、慎重なくふうが必要である。しかし、現実には形式的な平等を強調するあまり、かえって基礎的な能力もしっかり身につかなかったり、形式的な履修だけで学校を終わる者が多くなる傾向がみられる。このことは近年就学率がいちじるしく増加した高等学校においてとくに顕著である。

右に言う「形式的な平等を強調するあまり、かえって基礎的な能力もしっかり身につかなかったり」という指摘は、今日、個別最適な学びの充実が求められる背景としてもそのまま読めてしまうように思います。

戦後の新教育制度がスタートして20年経った時点では、画一的な一斉指導が子どもたちの基礎的能力を育成するうえで機能していないこと、そのため教育の多様化が必要であることが明確に指摘されていたことがわかります。

そして、1976年の教育課程審議会答申「小学校、中学校及び高等学校の教育課程の改善について」においては、知識つめこみ型教育に対する反省から、ゆとりある学校生活の中で、それぞれの個性や能力に応じた教育の実現が提言されました。

このころ、さかんに「個に応じた指導」を目指した実践・研究が進められていました。例えば、上田薫・静岡市立安東小学校（1970）による『ひとりひとりを生かす授業：カルテと座席表』や、加藤幸次（1982）による『個別化教育入門』、愛知県東浦町立緒川小学校（1983）による『個性化教育へのアプローチ』などが出版されています。

2021答申は、「個に応じた指導」の在り方の具体としての「指導の個別化」と「学習の個性化」という二つのアプローチを提案していますが、これは加藤の『個別化教育入門』において、一斉指導に代わる概念として、すでに提案されています。

さらに、当時の文部省（1984）も、『小学校教育課程一般指導資料Ⅲ　個人差に応じる学習指導事例集』を刊行し、個に応じた指導の拡充を図ろうとしてきました。この教育課程一般指導資料は、1977（昭和52）年告示の学習指導要領の実施に伴い、教育課程の編成実施、創意工夫等について解説したもので、3巻にわたります。

指導資料Ⅰは、教育課程の編成実施と学校の創意工夫や合科的な指導等について、指導資料Ⅱでは、地域や学校の実態に即した教育課程について、それぞれ解説しています。そして、指導資料Ⅲでは、座席表の活用や協力教授による指導改善、さらにはオープン・スペースの活用による指導として、今日再び注目を集めている単元内「自由進度学習」「課題選択学習」「自由課題学習」の実践例がすでに紹介されています。

冒頭、本書の基本的な考え方が示されています。やや長くなりますが、その一部を引用してみましょう。

現在、多くの学校では、学級を単位とする一斉指導を中心とした授業を行っているが、同じ学級の児童は年齢が等しくても、知識、経験、学習能力、興味・関心などその一つ一つに個人差があり、同一の方法で指導するだけでは、一様に教育のねらいに達することができない。多くの児童の中には、速くねらいを達成する児童もいれば、かなり遅い児童もいて、その達成状況はまちまちである。速くできた児童の中には学習の足踏みを余儀なくされ、授業に退屈する者もいる。また、理解の遅い児童は、十分理解できないままに、次の学習に移らざるを得ないことがある。こうしたことが度重なることにより、次第に授業についていくことができなくなり、ついには、学習意欲を失い、勉強ぎらい、学校ぎらいになる児童が出てくるのである。これでは、一人一人の児童を尊重し、それぞれの児童の個性を十分に伸長させていくという教育のねらいを達成することはできない。

高度経済成長を遂げ、追いつき・追い越せ型の教育から、将来、生きがいをもち、個性豊かで活力に富んだ社会生活を営んでいけるように、一人一人の個性を最大限に伸ばす教育へと移行しようとした時期です。社会状況は変化し、科学技術も大きな進展を遂げましたが、個に応じた指導を充実するためには、教育が多様性を高めていかなければならないという問題意識は、指導資料発刊から50年近く経った今も変わっていません。

このように、個に応じた指導が教育改革の方向性として進められてきたわけですが、一方で「学習が個々の学習者のうちに成立すべきことは自明である。しかしながら、このことは長い学校教育の歴史の中で何度も強調されてきながら、今日に至っても充分な形で保障されていないと思われる」（黒上晴夫１９８７）という指摘もありました。この指摘は、長く一斉指導をベースとした指導を進めてきた学校において、個に応じた指導に転換していくことの難しさを物語るもののように思います。

教育改革の基本的な考え方として「個性重視の原則」を打ち出したのは、臨時教育審議会の第１次答申（１９８５）でした。同答申では、画一性、硬直性、閉鎖性、非国際性を打破して、個人の尊厳、自由・規律、自己責任の原則、すなわち個性重視の原則を確立することが、今次の教育改革において最も重要であると提言しました。そして、教育課程審議会の答申を経て、１９８９（平成元）年の学習指導要領において、「個に応じた指導の工夫改善」が求められました。

その後、１９９６、１９９７（平成８、９）年の「21世紀を展望した我が国の教育の在り方について」（中央教育審議会第１次、第２次答申）では、「ゆとり」の中で子どもたちに「生きる力」をはぐくむことの重要性が示されました。同質志向や横並び意識、さらには過度に年齢にとらわれた価値観などが依然として根強く存していることも指摘され、個性尊重という基本的な考え方に立って、一人一人の能力・適性に応じた教育を展開していくことが必要であると強調されました。

しかし、ゆとりと充実を標榜した教育改革、そして１９９８、１９９９（平成10、11）年告示の学習指導要領は、ＰＩＳＡ調査（２０００）や教育課程実施状況調査（２００１）等の結果も受け、学力低下論争の的となり、文部科学省は（学習指導要領全面実施直前の）２００２（平成14）年1月に学力向上をアピールする「学びのすすめ」を発表します。

その後、２００３（平成15）年10月の中央教育審議会答申を経て、12月の学習指導要領の一部改正において、小学校では学習内容の習熟の程度に応じた指導、補充的な学習や発展的な学習、中学校では補充的な学習や発展的な学習などの学習活動を取り入れた指導が個に応じた指導として例示され、実践に移行されてきました。「個に応じた指導」が、全国の学校や教師に期待された「学力向上」というミッションと強く結び付いた印象を与える改革だったように思います。

習熟度別・少人数指導の成果については、全国学力・学習状況調査等の結果から積極的にアピールされる一方で、例えば、優越感と高得点を競い合う場所としての「学校の塾化」（佐藤学２００４）といった批判や、「習熟度によって分けたそれぞれの集団の学習適性に最適化された教材なり指導法が提供されるのが大原則である」（奈須正裕２０２０）といった指摘もありました。能力別小集団による指導システムをつくることだけでは個に応じた指導を実施しているとはいえないという指摘です。

このことはタブレット端末等のＩＣＴ活用にも通じることです。タブレット活用の場面や方法が常に教師からの指示で進められる授業では、多様な子どもたちの学びは引き出せなくなってしまいます。

## 2　教育の質保証は全国学力・学習状況調査、学びの保証はＩＣＴ？

中央教育審議会答申「新しい時代の義務教育を創造する」（２００５年10月）の提言に基づき、学校評価の制度化、全国学力・学習状況調査が実施されるようになりました。これまでの「〝入口〟での管理から、〝出口〟での管理へ」という義務教育の構造改革が進められたことで、学校での学びの質を検証しながら、学力向上や教育改革に取り組むことが期待されました（植田みどり２０１４）。

これは、教育における質保証に関する議論・施策です。より具体的に言うと、国の責任によるインプット（目標設定とその実現のための基盤整備）を土台にして、プロセス（実施過程）は市区町村や学校が担い、アウトカム（教育の結果）を国の責任で検証し、質を保証する教育システムへの転換です（中央教育審議会答申２００５）。

もう一つは、中央教育審議会初等中等教育分科会・新しい時代の初等中等教育の在り方特別部会の「全国の学校関係者のみなさんへ」（２０２０年４月）による「学びの保障」の提言があります。これは、新型コロナウイルス感染症の拡大に伴う全国一斉臨時休業が行われる中で、子どもの学びの継続や保障について、全国の教育関係者等に向けて発信されたものです。そして、この提言以降、「教育の保障」が重要な論点となり、「個別最適な学び」と「協働的な学び」の一体的実現を提言した２０２１中教審答申へとつながっていきます。この答申は、ギガスクール構想と相まって、タブレット端末等のＩＣＴの活用による学びの保障が強調されました。

このように見てくると、教育行政施策として進められてきた「教育の質保証」と「学びの保障」は、軌は一にしつつも、その意味するところは同じではないことがわかります。「教育の質保証」は、学習指導要領の作成や学校評価、全国学力・学習状況調査の導入による制度的な質保証であり、「学びの保障」の文脈から出てきた個別最適な学びは、いつ・いかなるときも子どもたちがよりよく学べる学習機会の保障に加え、一人一人が自分のよさや強みを発揮しながら学習に参加できるようにするという意味合いが強いように思います。

2021中教審答申では、個別最適な学びの提言の背景のひとつとして、「学校生活において『同調圧力』を感じる子供が増えている」という指摘をしています。画一的・同調主義的な学校文化が今なお根強くあることの指摘です。一方で、制度的な質保証の仕組みが、学校教育の関係者に同調圧力を感じさせる結果となっていることも考えられます。

## 3 令和の教育の姿としての「個別最適な学び」「協働的な学び」の提言

2021中教審答申では、目指すべき新しい時代の学校教育の姿として「全ての子供たちの可能性を引き出す、個別最適な学びと、協働的な学びの実現」を提言しました。学習指導要領において示された3つの資質・能力の育成を着実に進めるには、新たに学校における基盤的なツールとなるICTも最大限活用しながら、多様な子どもたちを誰一人取り残すことなく育成する「個別最適な学び」と、子どもたちの多様な個性を最大限に生かす「協働的な学び」の一体的な充実が求められているわけです。

ここではまず、「個別最適な学び」「協働的な学び」について、どのように提言されているのかを確認しておきましょう。

○全ての子供に基礎的・基本的な知識・技能を確実に習得させ、思考力・判断力・表現力等や、自ら学習を調整しながら粘り強く学習に取り組む態度等を育成するためには、教師が支援の必要な子供により重点的な指導を行うことなどで効果的な指導を実現することや、子供一人一人の特性や学習進度、学習到達度等に応じ、指導方法・教材や学習時間等の柔軟な提供・設定を行うことなどの**「指導の個別化」**が必要である。

○基礎的・基本的な知識・技能等や、言語能力、情報活用能力、問題発見・解決能力等の学習の基盤となる資質・能力等を土台として、幼児期からの様々な場を通じての体験活動から得た子供の興味・関心・キャリア形成の方向性等に応じ、探究において課題の設定、情報の収集、整理・分析、まとめ・表現を行う等、教師が子供一人一人に応じた学習活動や学習課題に取り組む機会を提供することで、子供自身が学習が最適となるよう調整する**「学習の個性化」**も必要である。

○以上の「指導の個別化」と「学習の個性化」を教師視点から整理した概念が**「個に応じた指導」**であり、この**「個に応じた指導」**を学習者視点から整理した概念が「個別最適な学び」である。

（２０２１中教審答申（17、18頁）より、傍線及び太字は筆者による）

学習への参加が学びの第一歩であると考えると、いかなる場合においても、「個別最適な学び」の実現は教育活動の根本になることは間違いありません。あわせて、社会全体のデジタル化が推進される中、学校においてもICT環境を最大限に活用して学びの保障を進めることが求められたわけです。

# 学びのエンジンとしての「主体的な学び」

## 1　「主体的・対話的で深い学び」と主体性の発揮

「主体的・対話的で深い学び」は、資質・能力育成型へと変換を図った2017年の学習指導要領において、授業改善の視点として示されたものです。子どもたちに、「知識及び技能」「思考力、判断力、表現力等」「学びに向かう力、人間性等」という3つの資質・能力を育成していくために、教師が一方的に指導するスタイルから、子どもたちが、主体的・対話的で深い学びを実現していけるようにすることをめざしたものです。

3つの資質・能力の中でも、「学びに向かう力、人間性等」は、「知識及び技能」「思考力、判断力、表現力等」を獲得していく場面で発揮され、伸長される資質・能力だとされています。その原動力ともなる「主体的な学び」は、次のような授業イメージとして説明されています。

学ぶことに興味や関心を持ち、自己のキャリア形成の方向性と関連付けながら、見通しをもって粘り強く取り組み、自己の学習活動を振り返って次につなげる「主体的な学び」が実現できているか。

（2017年「小〈中〉学習指導要領解説　総則編」）

学校は教育課程を編成し、意図的・計画的に授業（＝教育課程の実施）を行う組織です。したがって、各教科とも、導入における学習対象との出合いは、多くは教師から提示されるでしょう。もちろん子どもたちの経験等からスタートすることもあるでしょうが、そこで扱う内容は、やはり教師が意図的・計画的に用意したものであると思います。

先の「主体的な学び」は、こうした内容との出合いからはじまります。多くの子どもたちが興味・関心をもてるように教材や資料を用意し、学習の導入を図ります。

教科等横断的な視点から学習内容を組み立てていくカリキュラム・マネジメントは、子どもたちの主体的な学びを引き出すうえでも重要です。豊かに学習対象と出合い、対話等を通じて興味・関心や問題意識を高めていく導入場面の研究授業に参加する機会がありますが、まさに右に挙げた「学ぶことに興味をもち」の部分であると言えましょう。

「自己のキャリア形成の方向性と関連付けながら」については、子どもたちが、将来の生活や社会と関連付けながら学ぶことを重視するキャリア教育の視点からの要請も、その背景にあると考えられます。

「見通しをもって粘り強く取り組み、自己の学習活動を振り返って次につなげる」は、学習のプロセスにおける子どもたちの学び方をイメージできます。前段の「見通しをもって粘り強く取り組む」は、学習の目的やゴールをとらえ、そこに向かって個人または協働で取り組んでいく姿です。

また、後半の「自己の学習活動を振り返って次につなげる」は、子どもたちが、自分の学びの過程や成果を、メタ認知能力を働かせてとらえ、次に取り組むべきことなどを判断したり選択したりしていくことを表しています。つまり、自己調整の場面です。

さて、ここで考えてみたいのは、「見通しをもって粘り強く取り組み、自己の学習活動を振り返って次につなげる」には、子どもたち自身の意志や判断、選択などの主体性が含まれるということです。言葉を換えれば、こうした学びを実現していくには、子どもたちの主体性を大事にすることが欠かせないということです。

そもそも主体性とは、「自分の意志・判断によって、自ら責任をもって自ら行動する態度や性質」（大辞林、第4版2019）のことです。

今日注目を集めている自由進度学習も、子どもたちが自ら判断し、選択し、自己の責任の下に実行していくという主体性が保障されているから成立するわけです。つまり「主体的な学び」を支えるのは、子どもたち自身の「主体性の発揮」にほかならないということになるのではないでしょうか。

## 2　エージェンシーの育成

主体性や主体的な学びに近い言葉としてエージェンシー（agency）があります。心理学等の研究では以前より「行為主体性」「行為主体」などの用語で使われていましたが、近年、学校教育に関連してもよく見かけるようになってきました。

ここでは、白井俊（2020）及び香川奈緒美（2023）を参考に、エージェンシーや主体性について、それぞれの意味するところや相違について考えてみたいと思います。

エージェンシーは、OECD（経済協力開発機構）が2030年の学びと教育の方向性を示した「ラーニング・コンパス（学びの羅針盤）」を発表した2018年以降、我が国の学校教育においても用いられるようになってきたと言われます。

OECDが提案したラーニング・コンパスは、より変わりやすくて不確実、複雑で曖昧（volatile, uncertain, complex and ambiguous：VUCA）な世界においても自信をもって、自らを導いていくことができるように、子どもたちが何を学ぶべきかについて検討し、必要な要素が示されているものです。そして、このラーニング・コンパスの中核をなす概念が、自ら考え、主体的に行動して、責任をもって社会変革を実現していく力、つまりエージェンシー（agency）です。

エージェンシーは、「変化を起こすために、自分で目標を設定し、振り返り、責任を持って行動する能力」（OECD2019）であると定義されています。

このエージェンシーの定義からみると、「主体性」や「主体的」は、本来的な意味から離れ、かなり広義に使われていることがわかります。

例えば、子どもたちが、教師の発問に進んで答えようとしている姿や、指示されたことに一生懸命に取り組んでいる姿に対しても「主体的」と称されることがあります。かつて「関心・意欲・態度」が観点別学習状況評価の観点の一つとして示されたときも、正しいノートの取り方や挙手の回数をもって評価するなど、本来の趣旨とは異なる表面的な評価が行われているといった指摘がありましたが、主体性や主体的のとらえ方も、ともすると同様の傾向がみられます。

エージェンシーは、そもそも社会を構成する他者との関係性の中で発揮されるものであるため、学習者のエージェンシーも、学習者が学ぶという行為に直接的・間接的にかかかわるすべての人々のエージェンシーの存在を前提としています（香川93頁）。エージェンシーは、社会の状況から全く離れて単に生徒が自分で考え、行動することを肯定するというものではありません。別の言い方をすれば、エージェンシーとは、単に個々人がやりたいことをやるだけでなく、むしろ他者との相互の関わり合いの中で、意思決定や行動を決めるものです。

他者や社会との関係があるからこそ、自分だけの考えに陥らないようにしたり、自らの行動を社会的な規範に照らして律するなど「責任」ある行動につながってくるものです（白井86頁）。

学校での学びの場面では、エージェンシーは、主に、学習のプロセスにおいて子どもたち自身が発揮していきます。それは、学習の当事者として、目的やゴールを見据え、高いモチベーションをもって、自分の学びをよりよいものにしていこうとする姿です。

また、OECDは共同エージェンシー（co-agency）という概念も提言しています。これは、「親や教師、コミュニティ、生徒同士の相互作用的、相互に支援し合うような関係性であって、共通の目標に向かう生徒の成長を支えるもの」とされており、「教師や生徒が、教えたり学んだりする過程において共同制作者（co-creators）となった時」に生じるものとされています（OECD2019、白井93頁）。

エージェンシーは、他者との関係の中で育まれるものです。仲間とともに課題解決を図るためには、その目的や方向性を共有し、多様な他者とつながりながら、一人一人が責任を果たし、共同エージェンシーを発揮していくことが求められます。

しかしながら、そもそも共通性や同一性を基本とした一斉指導中心のスタイルにおいて、個に応じた指導、個別最適な学びへと変化していくきっかけを見いだすことは容易ではありません。先の黒上の指摘は、変化の機会はありながらも、学校現場には、その機会を生かすことができない理由があったことを示しています。

愛知県東浦町立緒川小学校で、長く自由進度学習等の実践研究に取り組んだ竹内淑子氏は、著書『教科の一人学び「自由進度学習」の考え方・進め方』（２０２２）のなかで、「なぜ一般化しないのか」「少しでもこの学習を経験した人が、なぜ他校で実践してみたいと思わないのだろうか」と自問するように述べています。

こうした言葉にも顕著に表れているように、子どもたち一人一人の個性や能力に適した教育の実現を提言した１９７１年の中央教育審議会答申から50年以上が経ちますが、その実現は、いまだに大きな課題となっています。

## 参考になるシーンはある！

絵に描いたように、先生が「教える」＝子どもが「学ぶ・理解する」とはならないことを教師はみな知っています。だからこそ教師は、子どもたちがよりよく学べるように、教材や提示する資料、説明や発問、学習活動などさまざまに工夫を凝らして授業に臨みます。そして、授業中の子どもたちの状況をとらえながら、一人一人に適切に助言しようとします。

こうした努力とは裏腹に、学力向上等が学校教育の課題として焦点化されると、やはりその責任の矛先は教師に向かいます。その意味からしても、学びの質保証は、圧倒的に教師に期待されていると言えるでしょう。

それではやはり、教師が教えなければ学びの質は保証されないのでしょうか？

Better Leaning Through Structured Teaching（邦訳：吉田訳『「学びの責任」はだれにあるのか』2017）を著したダグラス・フィッシャーとナンシー・フレイは、学習における「責任の移行モデル」という指導の枠組みを提案しています。これは、教師が段階的に指導することを減らし、子どもたちが学習の責任を徐々に多く担うように移行していくプロセス・モデルです。

具体的には、「焦点を絞った指導」「教師がガイドする指導」「協働学習」「個別学習」という4つの段階を通じて責任を移行していきます。筆者らは他者とのつながりの中で学びが起きることを重視し、「協働学習」によって思考と理解を強固なものにしていく過程をこのモデルの中で大切にしています。反対に、学びが起きないときは、教師の指導から一気に個別指導へと責任が移行されていくような学びであると指摘しています。

他方、個別最適な学びが提言されてから、改めて自由進度学習や自己決定学習等に注目が集まっていますが、そうした指導方法を取り入れることに不安を感じる先生は少なくありません。小・中学校の校内研究会等で先生方から話を聞くと、いくつもの不安が出てきます。

- 教師が指導しないと、指導内容が抜け落ちてしまわないかという不安
- 教師が指導しないと、理解しているかどうかわからないという不安
- 子どもたちに学習をゆだねると、学びが表面的になってしまわないかという不安
- 子どもたちに学習をゆだねると、指導時間が足りなくならないかという不安

このほかにも、教科特性に応じた不安も語られます。

ここでは、3つの学校での授業参観やインタビューを通じて、学びの質保証のためにどのような取組をしているかを紹介します。

## 1　3つのシーンから考える―その1「選択と参加」

最初に紹介するのは、フィンランドのJyväskylär Kristillinen koulu（ユヴァスキュラ・クリスティリネン）小中一貫校の取組です（2022年9月に、訪問・インタビューを行っています）。

当日実施される授業や教室の一覧が事前に提供され、自由に参観することが許可されました。また休み時間には、先生たちとのディスカッションやインタビューの時間も提供されました。

9年生の数学の授業の授業に参加しました。先生は、最初の15分程度でこの時間の指導内容について解説し、そのうえで、先生の説明に対する疑問点や理解することで何ができるようになるかなどを生徒と先生とで話し合い、それが終わると、生徒は、各自が集中できる場所に移り、個別の課題に取り組みます。もちろん、教室に残って学習する生徒もいます。また、生徒は「今回の学習（単元レベル）では何がゴールか」を理解しているので、それぞれのペースで学習を進めていました。

参観した授業では、今日先生が説明したことを使って課題に取り組む生徒もいれば、もっと先に進んでいる生徒もいます。集中して学習するために、教室以外に、廊下やオープン・スペースなどを使い、一人で取り組んでも複数で取り組んでもかまいません。先生は、生徒の学習状況を評価し、適切に支援していくことを役割としていました。こうした「教師の説明」「シェア」「自己の課題」という学習の流れや構造は、他の授業でも見られました。

授業を参観し、教員とディスカッションする中で、頻繁に出てきたのが、「参加」「選択」というキーワードでした。これは、学びを保証するためには、その前提として、子どもたちが学習に参加していくことが大切であり、そうした状況をつくり出すことを学校としてとても重視していました。

ここでいう参加とは、わからなくてもいいから、教室で自席にじっと座っているという意味ではありません。目指すところに向かって、学習に取り組んでいくことを意味します。

しかし、参加の仕方は、子どもによって違います。得意な方法や心地よい環境は一人一人違うはずです。それを理解し、なおかつ、学びのプロセスの方法や順番は子どもたち自身が決め、その代わり決めた以上は一生懸命取り組むことをとても大切にしていました。
　休憩時間に、４年生の担任のユハ・キューラ先生と話をする機会がありました。ユハ先生は以前はこの学校の校長でしたが、ユバスキュラ大学で３年間の研修を受けてきた後、現在（訪問当時）は、担任として子どもたちを指導しています。
　ユハ先生に、カリキュラムの運用レベルでどのように工夫し、学びの質を保証しているかを尋ねてみたところ、**資料１**に示す三角の図を描いてくれました。これは、ユハ先生が、ユバスキュラ大学の教育リーダーシップ養成コースで学んだ中で作成した図だそうです。

**資料１　リーダーシップ実践のアプローチ**

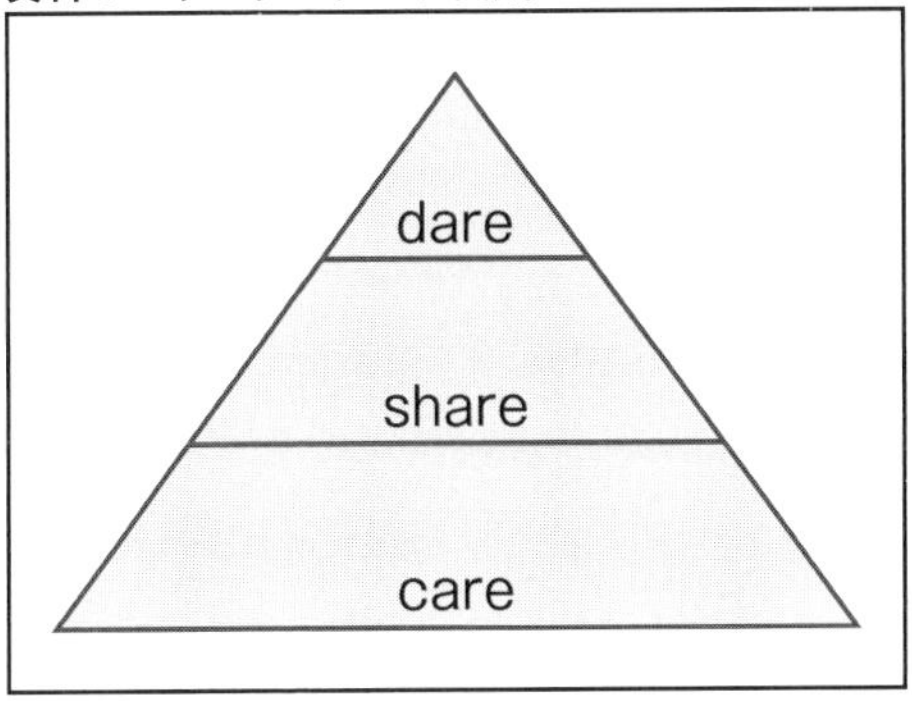


ユハ先生は、この図をリーダーシップ実践のアプローチとして考案しましたが、子供たちの指導にも有効であると考え、校内で活用しているそうです。

　ユハ先生によれば、「care」は文字どおり、一人一人の子どもたちの学びを丁寧にとらえ、必要に応じてその子にあったケアをしていくこと、「share」は、学んだこと、発見したこと、できた喜びなどをみんなで共有していくことです。さらに三角の一番上にある「dare」は、チャレンジさせることを意味するそうです。

「dare」には、「さらに」「あえて」「そのうえで」といった意味がありますが、本校の教育のあり方として、あえてチャレンジさせることの大切さを述べていました。また、授業については、生徒自身による「参加」「選択」をとても強調していました。

そこで、学習への参加の促し方や学習方法等を選択させることの意義について尋ねると、次のように話をしてくれました。

「例えば、算数を勉強するとき、まず私が指導します。その後、さらに学ぶためにグループやペアで取り組んでみたらどうかと生徒に問いかけます。できる生徒は、好きなだけ早く進めることができるし、自分一人でやることに満足する子もいます」

「生徒が自分で判断することで、彼らのやる気を引き出すことができると思うからです。モチベーションは重要な要素の1つです。生徒に自由と責任を与えることは、よい結果をもたらします」

## 2 3つのシーンから考える―その2「自己評価の力を育む」

次に紹介するのは、オランダの De zevensprong Jenaplanschool の取組です（デ・ゼ・ベンスプロング・イエナプラン校）（2022年9月に訪問、授業参観、インタビューを実施しています）。

本校は、イエナプランスクールで、子どもたちは、1・2年生、3・4・5年生、6・

7・8年生の3つのグループに分かれて学習します。

イエナプランは、イエナ大学に着任したドイツの教育学者ペーター・ペーターセン（1884～1952）によって生み出された教育思想です。また、オランダにおけるイエナプランは、そのコンセプトに共感したスース・フロイデンタールにより、1950年代からはじまっています（Fフレーク・フェルトハウズら2020）。

本校の学びの質保証の取組のアイデアは一つではありません。インタビューで校長先生が強調していたのは、次の事柄の重要性です。

「学びの質保証は、先生だけががんばることではなく、子ども自身にも自分の学びをとらえ、改善していく能力を育てること」

子どもたちにこうした能力を育てるために取り組んでいたのは、子どもたち自身による学びへの自己評価とそれに基づく教師と子どもとの「対話」を重視することでした。3色のカゴ（資料2）は、6・7・8年生のグループの教室に置かれていたものです。

資料2　学習の成果物を提出するカゴ

日本で言えば、ドリルや宿題などを提出するカゴにあたります。とても簡単なことなのですが、カゴを緑、白、黒の3色に分けているところにアイデアがあります。つまり、緑は「難しい」「まだ理解できていない」、白は「助けを借りればできる」、黒は「できる」「理解している」となっていて、子どもたちは、提出の前に、自分の学びを振り返り、それに合ったかごに成果物を入れます。「終わった＝できた・わかった」ではないことは、オランダに限らず日本の先生もみな知っていることです。

担任の先生は、緑に入れた子どもの学習状況についてはていねいにチェックするそうですが、同時に、黒に入れた子についても本当にできているかを確認するそうです。自分の学習状況を実際以上に高く評価してしまう子どももいることから、先生がチェックした結果との不一致や今後の取組方等について対話を重ねていくと言います。

こうした取組のほか、一人一人の学習状況の把握、形成的評価のための小テストを実施したり、子どもたちがタブレットを使って、自身の学びに対するポートフォリオを作成したりする取組も行われていました。

この教師と子ども、子ども同士の「対話」は、本校の教育の中核にあります。例えば、校庭改修に伴う遊具の選定や設置も、子どもたちに、「話し合って自分たちで決めること」を求めます。そのことを通じて、子どもたちは、自分たちで「世界を変えることができること」を体験していきます。また同時に、話し合って決めたことは、守らなければならないという「責任」についての指導も行われます。

## 3　3つのシーンから考える―その3　順序選択学習を可能にする「問い」と形成的評価

最後に紹介するのは、東京都世田谷区立代沢小学校の実践です。2022年6月に行われた校内研究会では、研究授業として5年生の「我が国の農業」が提案されました。授業者は山本剛己先生です。本校は、子どもたちがエージェンシーを発揮して学ぶことを大切にしている学校です。

単元は、社会的事象から学習問題を立てる段階（つかむ）、学習問題を解決するために具体的な問いを設定し、調べ・考え、追究する段階（調べる）、調べ考えたことを基に学習問題の解決を図る段階（まとめる）という学習過程で構成されています。

研究授業は、全体11時間のなかの第6時で、この授業では、子どもたちが、自分で調べ・考える「問い」の順序を選択して学習するという方法を採用していました。

この日の授業では、まず黒板には、追究の段階で子どもたちが調べ・考えるための問いが4つ書かれます。子どもたちは、自分の名前の書かれたマグネットを用いて、この時間どの問いに取り組むかを明らかにします。

単元全体の学習問題は「庄内平野では、どのようにしておいしい米をつくっているのだろう」です。これをもとに、予想を話し合い、先生と子どもたちとで、①から⑥の具体的な6つの問いを立てています。

①米づくりが盛んな庄内平野はどのような地形や気候なのだろう。
②米づくりの農家では、どのようにしてコメを生産しているのだろう。
③農地を整備したことで、米づくりはどのように変わったのだろう。
④なぜ新たな品種がつくられているのだろう。
⑤ＪＡはどのような取組をしているのだろう。
⑥農家でつくられた米は、どのようにしてわたしたちのもとに届けられるのだろう。

このうち①・②の問いは、教師と子どもたちが一緒に調べ、考えていきます。そして③から⑥の4つの問いは、子どもたち自身が取り組む順序を決め、学習を進めていきます。その際、①・②の問いを基に、教師と子どもたちとで進めてきた学び方が参考になります。つまり、問いを解決するには、きちんと調べ、それをもとに話し合うことが必要だという学び方です。これも学びの質を保証するための工夫です。

この日行われた授業の導入では、子どもたちが自分で取り組む問いを確認し、すぐに学習に取りかかります。一人で調べはじめる子もいれば、ペアやグループになって話しはじめる子もいます。前時の学習の続きからスタートする子どももいます。机の向きもさまざまです。

授業を参観していた私の目の前にいたMさんは、この時間に取り組む問いと違う学習に取り組んでいたので、そっとその理由を尋ねてみると、「昨日終わったと思っていたところがどうしても納得できないので、もう一度考えてから、今日の問いに進みます」という返事が返ってきました。まさに、自分の学習状況をとらえ、自分で決めて学習に取り組んでいる姿だと言えるでしょう。

また黒板に示された問いは、「how」や「why」を含み、調べて終わりではなく、調べたことを基に話し合ったり考えたりすることが求められます。そのため、子どもたちは、同じことを調べている友達同士で、フレキシブルに話し合いを進めていきます。その語りは、「I think…」「because…」です。「I think」は問いに対する自分の考えであり、「because」はその根拠で、当然、妥当性の高い資料が用いられます。なかには、有効な資料を見付け、それを共有フォルダに保存したことを、クラス全体に知らせる子どももいました。

調べる活動、考え話し合う活動には、教師も参加する場面が多くみられました。一斉指導の中では机間指導を通して一人一人の形成的評価を行うことが多くありますが、このときの実践では、子供たちがペアやグループをつくって学習に取り組んでいるので、教師はそこにアクセスしていきます。

もし、子どもたちが４つの問いを自分が決めた順番で学習していくとしたら、その授業には４つのねらいが存在することになりますが、指導のねらいを十分に理解している教師なら、それぞれの取組をとらえ、フィードバックしていくことは決して難しいことではありません。全体に対する指導が減る分、個々の子どもたちへのアクセスはうんと増えることになります。

研究協議会では、子どもたちが積極的に学びに参加している姿に対する驚きの声が多く聞かれましたが、その一方で不安の声もありました。「社会科では調べた後に、みんなで話し合い、問いが解決したことを確認しますが、こうした方法ではそれができないのではないか」という意見です。この意見そのものは、もっともだと思いますし、そう感じる教師は、多いことでしょう。

その後、山本先生へのインタビューや研究仲間との議論を通じて、先生方の不安感を払拭し、子どもたちが自己決定しながら学んでいくために必要となる要因のいくつかが見えてきました。

●学習の目的とゴールの共有
●調べたことを基に思考活動へといざなう「問い」の設定
●学習中の形成的評価とフィードバック
●柔軟な学習環境の工夫
●子どもの学びを信じ、つねに自己省察を行おうとする教師の信念と態度

右に言う信念とは、「果たして、個別最適な学びになっているだろうか」という実践への自己省察へと導くものです。

## 4 学びの場・環境への着目

先に紹介した3つのシーンに共通していたのは、子どもたちの学びの場・環境がとてもよく工夫され、子どもたちのニーズに応じて柔軟に活用できるようになっている点です。

もちろん、教師が発問し、それをもとに意見を述べたり、考えをシェアしたりする場面はありましたが、子どもたち自身が課題を選んで取り組んでいく活動も十分に確保さ

れていました。そうした場面では、一人一人が集中しやすい場所やスタイル（一人、ペア、グループなど）を選ぶことが可能になっていました。

人が集中できる、あるいは心地よい場所は同じではありません。友達と一緒に取り組んだほうが、効果が上がる子もいます。こうしたことは大人にも言えることです。オープン・スペース等の活用にあたっては安全への配慮は必要ですが、教室やオープン・スペースを、子どもたち自身が活用できるラーニング・スペースにしていくことは、一人一人が学びに参加していくうえでも重要なファクターになります。

学びの質保証には、まず子どもたち一人一人が学びに参加することが大前提

資料3

オープン・スペースのボックスシートでそれぞれの課題に取り組む
オランダ・De zevensprong Jenaplanschool（2022・9）

資料4

生徒の意見を基にオープン・スペースに設置された学習環境
フィンランド・Sydän-Laukaan koulu（2022・9）

です。参加の方法は決して同じではありません。参加するには、やるべきことに対して、方法や順序、環境を選択する必要があります。私の方法、私の順番、私の環境を、責任をもって選んだら、それは教師や友達からも尊重されるべきものです。

また、学校では、子どもたちは主に学級をベースに集団で学びます。一人一人にとって、自分が所属する学級がどのような集団であるかは、重要な問題です。支持的な風土をもった学級なら、学びへのモチベーションも上がりやすくなるでしょう。学習規律ばかりが優先される学級では、子どもたちの発想や学習方法は広がりにくくなります。

また、多くの場合、教室は、教師と子どもたちが向かい合うように設計されています。教師からすれば、一斉指導を行いやすいという利点があります。反面、教師が中心となってリードしていく授業は、子どもたちが常に教師の指示に従い、シンクロしていることが求められます。

そうした学び方になじめない子にとっては、なかなか困難なことです。サポートしてくれる先生がそばにいながら、子どもたち自身が学びに向かっていけるような集団内の関係性や学びの環境を構想することが今後ますます重要になると考えられます。

近年、ウェルビーイングという考え方に触れる機会が増えてきました。ウェルビーイングは、一時の喜びや幸福感とは違い、よい状態が継続していくことであり、それは、自分だけでなく、仲間とのつながりの中で、共に創っていくことが重視されます。

この考え方は、すでに、1948年制定の世界保健機関（WHO）憲章の前文にも示され、Health is a state of complete physical, mental and social well-being and not merely the absence of disease or infirmity. ─健康とは、病気ではないとか、弱っていないということではなく、肉体的にも、精神的にも、そして社会的にも、すべてが満たされた状態にあること─（日本WHO協会仮訳）と記されています。

また、厚生労働省の雇用政策研究会（2019）は、就業面からのウェルビーイング向上を提案し、ウェルビーイングを「個人の権利や自己実現が保障され、身体的・精神的・社会的に良好な状態にあることを意味する概念」と定義しています。

ポジティブ心理学者のマーティン・セリグマン（2014）は、ウェルビーイングを構成する要素として、「ポジティブ感情」「エンゲージメント」「意味・意義」「関係性」「達成」の5つを提案し、ウェルビーイングは、これら要素を基にした「構成概念」であると考えました。それぞれの要素が個人や組織にとってどのような状態にあるかをとらえることがウェルビーイングの向上にとって極めて重要になってくるでしょう。

ポジティブな感情が支配しているとき、あるいは内発的動機付け、例えば仕事への情熱にあふれているとき、そして仕事、チーム、リーダー、組織について好ましい認識を抱いているとき、人は高いパフォーマンスを示すと言われています（テレサMら、2009）。

認識と感情が相互に絡み合い、モチベーションに絶えず影響を及ぼし、それがパフォーマンスへとつながっていきます。教師の行動、友達との関係あるいは相互作用は、それぞれのモチベーションとパフォーマンスを高める重要なカギになっているのです（中田、2020）。

（中田正弘）

〈引用・参考文献〉

・植田みどり（2014）「義務教育段階における学びの質保証」日本教育制度学会、教育制度学研究(21)、27〜39頁
・香川奈緒美（2023）「エージェンシーとシチズンシップ」日本教師教育学会第10期国際研究交流部　百合田真樹人・矢野博之 編訳著『ユネスコ・教育を再考する：グローバル時代の参照軸』学文社、92〜100頁
・教育課程審議会（1976）「小学校、中学校及び高等学校の教育課程の改善について（答申）」
・黒上晴夫（1987）「教育の個別化・個性化－類型とその特徴」日本教育方法学会、教育方法学研究12(0)、49〜56頁
・厚生労働省雇用政策研究会（2019）「雇用政策研究会報告書　概要」https://www.mhlw.go.jp/content

/1601000/000532354.pdf、２０２３年５月20日最終閲覧
・佐藤学（２００４）『習熟度別指導の何が問題か』岩波書店
・白井俊（２０２０）『ＯＥＣＤ Education 2030プロジェクトが描く教育の未来：エージェンシー、資質・能力とカリキュラム』ミネルヴァ書房
・竹内淑子（２０２２）監修：小山儀秋『教科の一人学び「自由進度学習」の考え方・進め方』黎明書房
・中央教育審議会（１９７１）「今後における学校教育の総合的な拡充整備のための基本的施策について（答申）」
・中央教育審議会（１９９６、１９９７）「21世紀を展望した我が国の教育の在り方について（第１次、２次答申）」
・中央教育審議会（２００５）「新しい時代の義務教育を創造する（答申）」
・中央教育審議会（２０２１）「『令和の日本型学校教育』の構築を目指して～全ての子供たちの可能性を引き出す、個別最適な学びと、協働的な学びの実現～（答申）」
・中央教育審議会初等中等教育分科会・新しい時代の初等中等教育の在り方特別部会（２０２０）「全国の学校関係者のみなさんへ」
・テレサＭ・アマビール、スティテレサＭ・アマビール、スティーブン、Ｊ・クラマー（２００９）「知識労働者のモチベーション心理学」、DIAMONDハーバード・ビジネス・レビュー編集部『動機づける力　モチベーションの理論と実践』ダイヤモンド社、63～99頁
・中田正弘、大越さとみ、坂田哲人、村井尚子、矢野博之、山辺恵理子、渡邉秀貴（２０２０）『ポジティブ&リフレクティブな子どもを育てる学級づくり―「学びに向かう力」を育てるこれからの学級づくり入門』学事出版、32～40頁

・中田正弘、坂田哲人、町支大祐、荒巻恵子（2021）「フィンランドの学校における教科横断的なカリキュラムづくりの取組：カリキュラム・マネジメントの視点から」白百合女子大学初等教育学科紀要 第6号、47～54頁
・奈須正裕（2020）「個別最適化された学びについて」教育課程部会（第118回）資料
・日本WHO協会「世界保健機関（WHO）憲章とは」https://www.japan-who.or.jp/about/who-what/charter/（2023年5月20日最終閲覧）
・フレーク・フェルトハウズ、ヒュバート・ウィンタース（2020）訳：リヒテルズ直子『イエナプラン 共に生きることを学ぶ学校』ほんの木、10～15頁
・マーティン・セリグマン（2014）監訳：宇野カオリ『ポジティブ心理学の挑戦〝幸福〟から〝持続的幸福〟へ』ディスカヴァー・トゥエンティワン
・文部科学省（2002）「学びのすすめ」
・文部省（1984）『小学校教育課程一般指導資料Ⅲ 個人差に応じる学習指導事例集』
・文部省（1992）「中央教育審議会四十六年答申」『学制百二十年史』https://www.mext.go.jp/b_menu/hakusho/html/others/detail/1318291.htm最終閲覧
・臨時教育審議会（1985）「教育改革に関する第1次答申」

第2章

# 個別最適の議論と学びの質保証

# 個か全体（集団）か―オランダの教育実践との比較から

中央教育審議会答申（令和3年）は、これからの教育において重要なキーワードの1つとして「個別最適な学び」を挙げ、「指導の個別化」と「学習の個性化」という2つの観点から成る学びだと説明しています。

ただし、この2つの観点や、それを支える情報機器の活用といった事柄は、（第1章でも述べられているように）教育実践の場において決して新しいものではありません。これらのことは、すでに数十年前から議論されてきたものです。それがなぜ、近年の重要な教育課題として取り上げられているのでしょうか。実は、この点を深掘りすることが、本章の核心につながります。

そこで本章では、個に応じた学び（「個別最適な学び」）と情報機器・ICT活用の両者がどのように結び付き、学びの質保証に寄与し得るかを検討します。まず、論点を整理する意味でも、オランダの教育実践を取り上げ、日本の状況と比較しながら考察していきたいと思います。

オランダにおいては、すでにオランダ版「個別最適な学び」とも言うべき学習スタイルが確立されていると言います。中でも特筆すべきは、「学習の個性化」が高いレベルで進んでいる点です。子ども自身が学習計画を立て、実行し、自己評価し、次の活動に反映するという、学習のPDCAサイクルが根付いているというのです。

オランダの初等教育（日本で言うところの小学校教育）の学齢期は世界的に見ても早く、4歳からスタートします。この低学年の段階で、言葉や計算といった基礎学力の育成のみならず、「学ぶ力」（または「学びに向かう力」）の育成に注力しています。

では、4歳や5歳の子どもたちの「学ぶ力」をどのように育成しているのでしょうか。主だったものを挙げると2つあります。

## 1　オランダにおける総合的な学習

オランダの教育から抽出したいテーマの1つ目は、「総合的な学習」を随所に取り入れていることです。

「総合的な学習」というと、日本においては真っ先に「総合的な学習の時間」が思い浮かぶと思いますが、それとは異なる特徴をもつ位置付けです。オランダ語では、「Wereld Orientatie」と称されており（英語では「World Orientation」となります）、日本語に直訳すると「世界への導き」「世界への誘い」といった意味合いです。

ここでいう「世界」とは、「私たちが住み、暮らしている世界全般」を差し、日常的に暮らしていく中で起きるありとあらゆる事象が、オランダの子どもたちの学びの対象となります。

ただそうは言っても、漠然と暮らしに触れるだけで学びが生まれるわけではありません。ここが教師の出番です。オランダの教師は、子どもの年齢に合わせて学びの枠組みをつくり、例えば「お店での買い物」や「私たちの水」といったテーマを設定しています。

一口に「私たちの水」といっても、科学的な切り口から学ぶこともできますし、水はどこからきてどのように使われるのかといった地理的な切り口から学ぶこともできます。そもそもオランダの正式な国名である「ネーデルランド」は「低い土地の国」という意味で、国土の1／4は海面下にあり、水害も多いことから、歴史的な切り口から学ぶこともできます。

ここで注視したいことは、この「切り口」です。つまり、1つのテーマを教科横断的に学ぶという意味で「総合的な学習」と称されているわけです（学習の取組の様子がプロジェクト学習や課題解決学習の様相でもあります）。

すなわち、子ども自身にとって身近なところから学びの題材をもち出し、教科等横断的に学習を進める学び方であり、教育課程上、他教科とは独立した形で課題解決的な探究学習を行う日本の「総合的な学習の時間」と明確に異なる点だと言えるでしょう。

また、オランダの「総合的な学習」は、日本的な感覚だと経験主義的な学習であるかのようにイメージされるかもしれませんが、オランダにおいては、学習プロセスのみならず、学び方を学び、学びへの動機付けを高め、学んだことが子ども自身に還元されるデザインを志向している点に注目したいと思います。

殊に、オランダで大事にされていることは生活場面との結び付きであり、日常にある事象から学び、再び日常に活かすという学習観に基づいています。日本の教育シーンにおいても、生活科の理念に近いといえそうですが、「可能な限り自身の身近な感覚を重視して日常にある事象から学ぶこと」をより重視しているように考えられます。

この「日常にある事象から学ぶ」という活動は、多岐にわたります。例えば、「今晩の食事のために買い物に行く」「食事をつくる」「街に探検に行く」「寒くなったら暖房をつける」「隣町まで渡し舟で出かける」「友達とポテトチップスを食べる」といった日常的なシーンそのものが学習の題材になります。

いずれも一見何気ないシーンですが、その内側には、さまざまなアカデミックな要素を想定することができます。例えば、人とコミュニケーションを図るには語彙と表現力が必要です。お得な買い物をするためには計算技能が必要です。知らない街に出かけるためには地図が必要ですし、ビジネスの仕組みを知っておくのも有益でしょう。

ポテトチップスはなぜくせになる味なのか、どんな材料でつくられているのか、ちまたで健康にはよくないと言われる理由は何か、部屋を暖めるためにはどんな装置が必要か、どんなエネルギーが使われるのか、そのエネルギーはどのようにしてわが家に運ばれてくるかなど、想像力次第でさまざまなアカデミックな要素と結び付けて考えることができるはずです。

こうした諸要素を有益な学習コンテンツとして取り出すことができれば、子どもにとって実際的な学びとなり、それを促すのがオランダの教師の役割です。この点も、学習指導要領に規定された「内容」（体系化された学習コンテンツなど）を網羅的に提供するという日本の教師の役割との違いを指摘することができます。

もちろん、日本の子どもたちも、右に挙げた「語彙と表現力」「計算技能」「地図の読み取り」「機器の仕組み」「エネルギーの生成方法」などといった知識及び技能を学びます。日本と異なるのは、教師のサポートを得ながらも、学ぶ対象や方法などについては子ども自身が決めるという点です。すなわち、「何のために学ぶのか」「どう学ぶのか」「学んだことをどう役立たせるのか」といったことに対して、（日本の子どもたちに比べて）オランダの子どもたちは、より自覚的であるということです。

これらは、日本の「個別最適な学び」を考える際にも非常に重要な視点となります。

## 2 オランダにおける自律的（Autonomous）な学び

オランダの教育から抽出したいテーマの2つ目は、（1つ目からもたらされることでもありますが）4歳児であっても、子ども一人一人が自律的（Autonomous）に学ぶことが求められる点です。

それに対して日本（殊に幼児教育）において重視されているのは自立（Independent）です（「幼児期の終わりまでに育ってほしい姿〈10の姿〉の1つにも、「自立心」として挙げられています）。「自律」も「自立」も同じ読み方をしますが、その意味するところは大きく異なります。

教育界においても、これまで「自律」という概念が使われることもありましたが、「学校の自主性・自律性の確立」などといった学校運営の文脈においてでした（学校教育法第21条第1号〈義務教育の目標〉においても「自主、自律及び協同の精神」という文言が登場します）。そのため、子どもたちの学習活動に着眼した場合、「自律」という考え方はあまり馴染みがないかもしれません。

ところで、インターネット・テクノロジーの分野では、中央処理型の考え方から「自律・

分散・協調」といった考え方に再設計されたことが、情報通信産業だけではなく、あらゆる企業に大きな変化をもたらしたと言います。

インターネットは、1つの巨大なネットワークではなく、星の数ほどある独立した小ネットワークが併存し（分散）、それぞれで個別にデータ処理し（自律）、ネットワーク間でデータを連携（協調）し合う仕組みになっています。この考え方は、「個別最適な学び」と「協働的な学び」とも符合します。

子どもたち一人一人（分散）は、自らの課題を解決するために学習を進めつつ（自律）、他者とも協働（協調）しながら、全体的な学習やプロジェクト学習などに取り組み、自らの学びを深めていきます。

これは、「自律分散型学習モデル」とも言うべきもので、子ども一人一人が自分の判断で自律的に学習していながらも、全体の学びと連動することが重視されます。そのため、学習の目標や目的についてはある程度教師が設定するものの、子どもたちといったん共有した後は、子ども自身の判断に基づいて学びを進めていくことになります。

他方、それとは対照的に、「中央処理型学習モデル」もあります。これは、教師によるきめ細やかな指示に基づいて子どもたちが学習に取り組むもので、日本の多くの学校で見られる一般的な学習スタイルだと言えるでしょう。

話は逸れますが、近年の軍隊における指揮命令のあり方が変わってきたといいます。以前は、司令部が下す指揮命令（中央処理型）に従い、遅滞なく迅速に作戦行動に移せることが、その軍隊の練度の高さを表すものでした。

それに対して現代では、軍事技術のハイテク化が進み、現場の情報をいったん指令部で集約していては敵に後れを取ってしまう危険性が高まったことから、（戦略や戦術は司令部で策定するものの）個別の事案については、以前よりも各現場で即時的に判断を下せる裁量（自律分散型）を大きくしたというのです。

オランダのシーンに話を戻しましょう。

オランダでは、独自の教育理論に基づいて実践する学校が多く存在しています。その割合は全体の10％を占めるほどであり、オルタナティブ学校と称されます。その種類も多岐にわたり、（数こそ少ないですが日本にもある）イエナプラン学校やモンテッソーリ学校をはじめとして、近年ではダルトン学校が増えてきているといいます。

ダルトン教育は、子ども自身が時間割を編成するなど、子どもの自主的な学習スタイルを積極的に取り入れているのが特徴的です。この試みは、他の学校にも見られるのですが、ダルトン学校では、個々人の裁量がさらに大きいと言われています。

例えば、10の空白時間（1単位時間が10個、月曜日の1から4時間目、水曜日の1から3時間目、金曜日の1から3時間目というように定められた枠）が設けられており、子どもたちは、計算の時間、書き取りの時間、調べものの時間の割り当てを自分で考えます。

加えて、時間の配分についても、重点を置きたい教科には多めに時間を配分し、そうでない教科についてはその分少なめの時間を配分するなど、自分の得意・不得意に合わせて柔軟に編成します。

しかしそうは言っても、そんな簡単にできるものではありません。そもそも、子どもが自分の時間割を編成するためには、以下の条件を満たす必要があるからです。

- 自分自身の学習は、いまどこまで進んでいるか。
- 到達点までどれくらいの学習量が必要か。
- 教科ごとの学習進度のバランスをどう図るか。

このように、自分の学習状況を把握したうえで、次の学習を見通せることが欠かせません。

そこでダルトン教育では、1週間にわたる自主学習終了後、子どもは自分の学習を振り返りながら自己評価を行います。その評価結果をもとに教師と面談を行い、子どもがどれくらい的確に学習を見通せるかを見極めながらアドバイスし、それを受けて子どもが翌週の学習をどのように進めていくかを決定します。

このような取組はまさに、「主体的に学習に取り組む態度」の評価について中央教育審議会報告（平成31年1月）が示した「学習に関する自己調整を行いながら、粘り強く知識・技能を獲得したり思考・判断・表現しようとしたりしている」姿だと言えるのではないでしょうか。そうだとすれば、誰かと比べて学習スピードが速い・遅い、できる・できないといったことに気を取られることなく、学習に対する理解と計画力を育成できる期待値が高まると考えられます。

ただしオランダの子どもたちも、入学当初から（4歳児が）自分の学習を計画できる力をもっているわけではありません。そのため、こうした能力を伸ばしていく働きかけ・かかわりが教師に求められるわけです。

ここでも、本書冒頭の「はじめに」と同様に、山登りに喩えてみましょう。

教師は、子どもたちに渡す「山の地図」にどの程度の情報を書き込んでおくかなど、デザイン力が問われます。例えば、どのような山に登るのがその子にとって適切なのか、どのような目標を設定するか、山頂に到達するルートをどれくらい用意するか、実際にどのようなルートを提示するのかといった諸情報です。

一方、子どもたちのほうは、自分のもち得る能力を考えながら「自分に合ったルートを選択」して山登りを開始するわけですが、それが本当に自分に合っているのかを判断するのに十分な情報量と判断力をもち合わせている必要があります。

そこで、子どもたちが自分たちの登山能力を把握し、地図とマッチングして考えられる機会を設定することが重要となります。教師の立場から言えば「評価」、子どもの立場から言えば「振り返りと見通し」がそれに当たります。

まとめると、自律分散型の学習を進めるためには、次の3つが必要になると言えるでしょう。

- 子ども一人一人が自分の学習を振り返り、進捗状況を把握して、見通しをもって自分に必要な学習を判断できるようにする（前提条件）。
- 子どもが判断したことの妥当性を自ら確認し、修正していけるプロセスを用意する。
- 教師は右に挙げた条件とプロセスを確保するために必要な支援（「個別的な評価とフィードバック」）を十分に行う。

子どもの判断力の高低、（何が不足しているかを含め）自分の判断に必要な知識量などは、当然のことながら個人差があります。これは、アカデミックな知識というよりも、日常に密着した生活体験から得た知識に近いものであり、子どもにとってはきわめて個別性が強いと言うことができます。それに対して教師にとっては、教科指導や生活指導といった側面よりも、個々の学習に合わせて学習の枠組みを設定し、子どもをアセスメントし、フィードバックする方法や技量が求められます。

## 3　オランダの教師は日本の教育や教師に対してどのような印象をもっているか

以前、オランダの教師を対象として、日本の教育や教師についてどのような印象をもっているかをヒアリングしたことがあります。

オランダの教師が、軒並み日本の学校教育に対して興味・関心をもっているわけではありませんが、オランダのテレビ番組等を通じて知り得た情報をもとにコメントしてくれた教師が一定数いました。そうした彼らのコメントの多くは、日本の教師の実践技術（授業技術）の高さを指摘するものでした。

日本の教師はクラス（集団）をまとめる技術に長けており、子どもとよく対話しているのだと言います。この点を積極的に評価しており、オランダでは逆にこういったシーンが不足しているのではないかと振り返っています。

確かに、日本の授業でよく見かけるシーンは、オランダではあまり見かけません。オランダでもクラス全体に向かって働きかける場面はあるものの、「講義（レクチャー）」が必要な場面に限定され、講義時間も長くとりません。

また、教師と子どもとの対話（双方向的なやり取り）を繰り返しながら授業を展開していく姿もあまり見かけません。オランダにおいては、「講義（レクチャー）」を終えて学習活動に移行したら、子どもたちは個別ないしは数名の少人数単位に分散します。

こうした両国の相違点を踏まえたうえで、オランダの教師は日本の教師や授業スタイルを肯定的なまなざしで評価しています。なかには、次のように指摘した教師もいます。

「日本では学級単位での集団的な指導と、子ども一人一人との個別的な指導が高い次元で両立しており、しかもクラスサイズもおおむね35人前後と大きいことから、私は日本の教育現場で実践する自信はない」

オランダの小学校におけるクラスサイズはおよそ20人程度です。その人数を超えると、「人数が多すぎて子どものことを十分に見ることができない」といった不満の声が教師から上がると言います。それに対して、35人もの子どもと対話しながら教育行為を成立させる日本の教師の姿が、オランダの教師の目には驚異的に映るのでしょう。

ただし、ここで誤解してはならないことがあります。それは、クラスサイズの大小によって教育の優位性が決まるわけではないということです。つまり、両国の学習スタイルの違いによるものであり、オランダで行われている自律分散型の学習を進める（子ども一人一人が個別に学習を進める）ためには、クラスサイズを20人程度にしておくことが必要条件になるということです。

それに対して、かつては40人規模のクラスサイズが義務教育標準法において定められていた日本の教育現場においては、そのサイズに適した独自の指導法を確立してきたのだと考えられます。つまり、集団的な指導をベースにしながら、状況や必要に応じて個別的な指導を組み込んでいくという指導スタイルが確立されたということです。

このようにオランダの教育との比較を通して整理すると、中教審において提起された「指導の個別化」は、「日本の教育は集団的な指導をベースにしている」という現実と歴史的経緯があるからこそ想起された概念だということです。

それに対して、個別的な指導をベースとしてきたオランダにおいては、子どもたちの学習はそもそも個別化することを前提としているため、「指導の個別化」という概念が想起されるはずもないと言えるでしょう。

ここまで、両国の学習スタイルや指導方法の相違について述べてきましたが、共通することもあります。それは両国共に「『協働的な学び』は難しい」と感じている点です。

（繰り返しになりますが）オランダの教師が、日本の学校教育のシーンを肯定的に評価するのは、集団の中で教師と子どもが対話的に学習を進める姿が、オランダでは見られないからです。裏を返せば、オランダの教師は、自国で実践している自律分散型の学習スタイルに足りない事柄を日本の教育シーンに見いだしているということです。

学級（集団）に対して悲観的な思いをもつオランダの教師は、「子ども一人一人が自律的に学べることはよいことだが、自由（個別）すぎる」と感じています。例えば、オランダの教室では、子どもたちがグループで協力し合って物事を成し遂げたり、日常的に助け合ったりする場面が自然に生まれることはありません。学びが個で完結しがちだからです。

この点に課題意識をもっている教師は、子どもたちの関係性をつくり、協働的に学び合える場面を意図的につくるようにしているのですが、思うようにはうまくいっていないようです。つまり、自律分散型の学習スタイルにおいては、子ども同士の学び合い高め合えるような共同性や協調性を実現するのが難しいということです。

それに対して、日本の教育現場はどうでしょう。オランダの教師がそう見えているほどに「協働的な学び」はうまくいっているでしょうか。「個別最適な学びと協働的な学び」というようにセットで語られていることからも想像されるように、日本の教師たちも「協働的な学び」（ないしは「対話的な学び」）は容易なことではないと感じているように思います。

このように考えると、個に応じた指導を軸に集団に応じた指導を充実する場合にも、またその逆の場合にも、**「個と集団」という課題は常に教師の頭を悩ませるものであり、そうであるからこそ、「個別最適な学び」を考える際、何を目指し、どこへ向かうのかということを、一段深いレベルで考える必要がある**と言えます。

殊に、日本において「指導の個別化」が、政策課題の一つとしてことさら強調される理由についても考えておく必要があるでしょう。それは、オランダに見られる自律分散型の学習に針を振り切るということでしょうか。あるいは、これまで行ってきた「個別的な指導」の延長線上にあるものとして、より指導方法の工夫を図っていくということでしょうか。それとも、特別な配慮を要する子どもが増えたことで、これまで以上に時間と手間がかかるようになった昨今の事情に対応しようとするものなのでしょうか。

私自身は、どれか一つに決められるものではなく、日本の教育は今、右に挙げた諸要素が入り乱れている状況なのではないかと推察します。もしそうであるとすれば、この先、現場レベルで「個別最適な学び」と「協働的な学び」をどう位置付け、定着させるかいかんで「学びの質保証」の考え方もまた変わってくると思われます。

いずれにしても、「個別的な学習」をベースとする自律分散型の学習スタイルにおいては、学習の到達点が子どももそれぞれに異なるなど可変的です。このような子どもの学びを保証するには、子ども自らが学習を進めていくのに必要な支援を行うことが教師に求められると言えるでしょう。

## ICT活用と個別最適化

続いて、「個別最適な学び」に欠かせないと目されるICTについて検討を加えます。「個別最適な学び」を充実する際、次に挙げる2つの点でICT活用が重要な役割を果たすのではないかと考えられます。

●タブレットを用いた個別学習、殊に近年ではAIドリルの活用が急速に進んでいること。
↓自分の学習ペースに合わせて教材や課題を提示してくれるので、従来型の決められた時間配分のもとで他の子どもと同じペースで学習を進めていくことが困難な子どもにおいては特に有効だと考えられる。

●遠隔的な学習環境が実現されつつあること。
↓病弱や不登校など、学校や教室に来られない子どもの学習保証につながる。ネットワーク・テクノロジーを活用して遠隔授業を受けたり、デジタル教材などを使って自主学習したりすることが可能になる。また、モニター越しで教師のアドバイスを受けることもできる。

こうした諸点を踏まえつつ、今後ＩＣＴ活用をより推進するその先で、子ども一人一人の多様な学習ニーズに果たして応えることができるのかについて、過去の実践を参照しながら検討していきます。

今から遡ることおよそ30年前、当時の通商産業省と文部省が中心となって、学校におけるＩＴ（現在のＩＣＴ）活用を推進する「１００校プロジェクト」（正式名称はネットワーク利用環境提供事業）が立ち上げられました。全国から初等中等教育の実験参加校を募り、学校のデジタル化を推進しようとしたわけです。

対象校には、当時はまだ限られた一部の大学と研究機関でのみの利用が可能であったインターネット回線と校内のイントラネット回線を敷設し、パソコン端末を設置しました。導入した学校数は限られていたものの、考え方としては現在のＧＩＧＡスクール構想のようなネットワーク環境が構築されたのです。

各学校に対しては、情報通信機器を使ってインターネットに接続して情報（データ）を送受信したり、デジタルコンテンツ（例えばホームページの開設など）の作成などが支援されました。このプロジェクトは、後に「新１００校プロジェクト」（１９９６年）に引き継がれ、最終的には1998年まで行われました。

現在と比べれば、通信面、ハード面、ソフト面いずれにおいても性能は低く、遠隔地とのコミュニケーションも、テキストベースの電子メールが中心でした（加えて、かろうじて静止画を転送できる程度）。加えて、わずか108校（3か所の視聴覚センターを含めると111校）だけが享受することができた情報通信環境です。

今日のGIGAスクール構想で実現したクラウドなどを介した動画データの送受信や、リアルタイムでの画像と音声のストリーミング配信など望むべくもありませんし、何より実践規模が大きく異なります。しかしそれでも、当時としては画期的な試みだったと言えます。何より注視すべきは、現在のGIGAスクール構想の実践上の課題にも通ずる諸課題が浮かび上がった点です。

その点を明確に指摘しているのが、コンピュータ教育開発センター（CEC）による「100校プロジェクト」総括評価報告書（以下「報告書」という）です（http://www.cec.or.jp/es/E-square/100houkoku/）。この報告書から、現場の教員などからのアンケート結果を中心に一部を抜粋して紹介します。

**資料1**を概観すると、（ICTを活用した教育実践の先駆けともいえるプロジェクトでしたが）参加校においては、一定の成果が認識されています。これらの結果は、今日の状況とも通じ

**資料1　100校プロジェクトの総括評価**

| |
|---|
| ・児童・生徒は、学習に対しての興味関心が高まった……90%<br>・児童・生徒の情報収集能力が高まった……83.5%<br>・児童・生徒の情報活用能力が高まった……74.7%<br>・児童・生徒の表現力が高まった……63.1%<br><br>・教職員同士は互いに協力的になった……68.3%<br>・教職員の児童・生徒への接し方に変化があった……49.9%<br>・教職員の指導計画の立て方に変化があった……50.4%<br>・教職員間で情報共有が図られるようになった……67.9%<br><br>・学校現場にインターネットを導入して教育観に変化があった……77.4%<br>・インターネットを授業に活用して授業が変わった……79.4%<br>・学校にインターネットが導入されて父兄との関係が変わった……25.7%<br>・学校にインターネットが導入されて校務に変化があった……52.5%<br><br>・インターネットによる授業とそうではない授業とでは教育効果に差があった……63.4% |

※質問項目ならびに5段階評価のうち、5または4の回答を合計した割合を表記した。報告書より抜粋。

るところがあり、今日のGIGAスクール構想の成果がこの時点である程度見えていたともいえます。

さて、現在では、一部の学校・子どもだけでなく、どの子もICT機器を活用できるようになったわけですが、30年前に行われた100校プロジェクトと比較したときにどのようなことが見えてくるのでしょうか。2つの視点から検討します。

## 1　テクノロジー上の視点

インターネットに用いられる基本技術は、今も昔も違いはありません。1980年代に標準化された通信プロトコル（TCP／IP規格）は現在も健在です。それに対して、回線速度は飛躍的に伸びています。

当時はアナログ電話回線を利用していましたから、文字データを送受信するのが精一杯でしたが、現在は光回線をはじめとして高周波帯を利用できるデジタル通信が可能になったことで劇的に速度が向上したわけです。クラウドや中継サーバーを介すれば動画データなどの送受信もストレスなく行うことができます。

それと並行して、（PCやスマホ、タブレット端末を含む）クライアントマシンのスペック（CPUやGPU、メインメモリやストレージなど）も、昔とは比べられないくらい高性能になったことで、送受信した大容量データを高速処理できるようになりました。

もう一つ、スペックごとのラインナップが豊富となり、動画制作や3Dゲーム制作などを行わないならば、昔よりも比較的安価に端末を選択購入できるようになった点も挙げておきたいと思います。今日の一人一台端末を可能にするGIGAスクール構想を実現できたのも、この点が大きかったと考えられるからです。

次は、教員の負担についてです。

100校プロジェクトにおいては、過剰な負担が大きな課題とされました。当時は、情報機器に比較的詳しい校内の教員が担当者に指名され、利活用支援を行うことが多かったものと思われます。しかし、現在に比べるとＯＳやネットワークが不安定であったことから、さまざまな不具合が起きてしまい、担当教員はトラブル対応に追われたと言います。

それに比べて現在は、通信障害も少なくなり、ＯＳも滅多にフリーズしなくなりました。また、多くの教員が情報端末の利用に慣れています。こうしたことから、人的コストが下がり、担当教員の負担も軽減されたと考えられます。

加えて、モバイル環境によって、校内のみならず校外からもネットワークにアクセスできるようになったことも大きな変化だと言えるでしょう。ただし、生活科や社会科、総合などでの校外学習においても利用されているかといえば、必ずしもそうとは言えないでしょう。情報リテラシーやセキュリティなどの課題もあり、さまざまな機能をあえて制限しながら利用せざるを得ないというのが実際だと思います。

## 2　カリキュラム上の視点

高等学校において新教科「情報」が設置されたことで、情報教育が正式に教育課程へと位置付けられました（学習指導要領は２００３年度より学年進行で全面実施）。それに伴い、（一人一台には至らないまでも）ほとんどの高等学校にＰＣとインターネット環境が整備されました。１００校プロジェクトからおよそ10年後のことです。

続いて、中学校においては技術・家庭科に「情報とコンピュータ」（内容）が盛り込まれ、情報機器の活用が日常のものとなりました（学習指導要領は２０１２年度より全面実施）。小学校においては、現行の学習指導要領において「情報活用能力の育成」「ＩＣＴを活用した学習活動の充実」が盛り込まれ（２０２０年度より全面実施）、それと時期を同じくしてＧＩＧＡスクール構想が本格化し、２０２１年度に実行に移されました。

これまでは電子黒板の活用など教師側の指導に役立てる情報機器活用であるか、教師の指示に基づいて子どもが行う調べ学習などでのＰＣ活用が主でした。それに対して、学習者主体の「学び」を充実するためのＩＣＴ活用が本格化したのは、ＧＩＧＡスクール構想がスタートを切ってからのことです。このように考えると、「学び」と「ＩＣＴ」の結び付きが生まれるためには、30年もの月日を必要としたと言えるでしょう。

さて、ここで今一度１００校プロジェクトの総括評価報告書に触れてみたいと思います。**資料2**に挙げた事柄も、現代に通じるＩＣＴ活用上の課題とも言えるものであり、現行の学習指導要領においてようやく解消されたと考えられます。殊に小学校（算数、理科、音楽、総合的学習の時間）におけるプログラミング教育の充実にも通ずると考えられます。

現在の教育課程においてＩＣＴ機器の活用は特別なものではなくなりましたが、これ

**資料2　100校プロジェクトを実施しての課題①**

> インターネットを教育の場で活用するには、しっかりと教育課程に位置づける必要がある。
>
> 何のために活用するかの目的がはっきりしていないと、長続きしない。インターネットが導入された当初は、いろいろな情報源の探索、メールの交換、身近な身の回りのでき事、環境、社会、活動などの発信がなされた。しかし、次第に飽きが来て、長続きしない。継続的な学習の持続のためには、インターネット活用が、日常の学習の中で、地道に行われる必要がある。
>
> インターネットの活用には、
> ・そのこと自体を教育目標として学ぶ
> ・各教科等の教育内容を学習する道具として、インターネットを活用する
> ・総合的な学習の中で、情報収集、探索、比較、処理、制作をする道具としてインターネットを活用する
> の3つの場合がある。

※報告書より抜粋、下線は筆者による。

は1998年当時にすでに想定されていた環境が整備されたにすぎず、学びそのもののパラダイムを転換するような活用については緒についたばかりだということです。

今後は、タブレット端末を活用の仕方次第で、**資料1**でも示したように、学習者の学習意欲の向上や情報活用能力の向上といった果実を手に入れられるかが問われることになります。

東京教育研究所（東京書籍の企業内研究所）が2022年に実施した調査報告書を概観すると、タブレット端末を活用するようになって後、児童・生徒の学習意欲によい変化が見られるようになったと言います。ほかにも、学習活動への苦手意識の軽減につながったり、問題解決的な学習に対する取

組に対しても前向きになるといった点についても言及しています。

しかし、楽観視することはできません。ＧＩＧＡスクール構想というこれまでに例のない目新しさのおかげで子どもの学習意欲が瞬間的に喚起されたという側面もあると考えられるからです。そこで、一過性で終わらせることなく、子どもの「主体的な学び」を充実するためにも欠かせないＩＣＴ活用とするためにも、ここでもう一度、１００校プロジェクトの報告書から教訓を得たいと思います。

**資料３**に挙げられている活動内容は、検索エンジンの使い方、データベースの活用、データの解釈などです。現在ではいずれも当たり前の事柄ですが、注視すべきは、「子どもたち自身に世界の知識を取り出させる＝知識構築型の学習モデル」に言及している点です。

これは、２０２１年に公表された中教審答申（「令和の日本型学校教育」の構築を目指して）において指摘されている「子供たちの主体的な学び」とも相通ずると考えられます。すなわち、**ネットワーク上のリソースなどを活用しながら学習者自身が学習を進めるというパラダイムに転換できてこそ、はじめてＩＣＴ活用が現代の子どもたちの学びに寄与する**ということです。

これまでは教師が学習課題を提示し、その課題解決に必要なリソースもまた教師が事前に準備して子どもたちに提供していました。それに対して今後は、子ども自らが課題

**資料3　100校プロジェクトを実施しての課題②**

インターネットを活用する教育の効果をあげるには、学習観、教育観を変える必要がある。

従来の伝統的な教育では、教師は、知識の宝庫をもち、そこから必要な知識を教科書に従って、子どもに伝授した。この種の使い方も基礎基本の学力を身につけさせるには、有効である。インターネットを活用して、教師が、自分の代わりに世界の知識を子どもに伝えてもよい。しかし、子ども自身に世界の知識を取り出させることのほうが望ましい。子どもの主体的な学習活動をインターネットで支援する。それには、子どもに、ブラウザの使い方、サーチエンジンの使い方、データベースの活用の仕方、著作権の尊重、データの批判的な解釈、メールでの問い合わせ方等を系統的に指導するカリキュラムと指導案を完備しておくことが重要である。できれば、Webベースの指導マニュアルや練習問題集がほしい。

さらに、子どもにデジタルカメラ、ビデオをもたせて、地域社会等を取材させ、文字、映像、音声等を組み合わせたマルチメディア作品を作成させる。それをホームページ等を通して発信させ、外からの反応をもらう。質問、批判等を受けて、さらに修正し、再発信する。この過程を指定校、協力校、姉妹校、海外の学校等との間で反復する。このような学習によって、知識構築型の学習ができる。

※報告書より抜粋、下線は筆者による。

を設定し、教師の手助けを借りながらも、自ら学習リソースにアクセスするような学習活動に変わっていく可能性があります。

もしそうなるのだとしたら、学習リソースは静的なものだけにとどまらなくなるはずです。対話を通して動的に生成される学習リソースにも注目が集まることでしょう。その可能性を秘めているのが生成ＡＩです。

ただし、現時点では時期尚早です。２０２３年７月に文科省は「初等中等教育段階における生成ＡＩの利用に関する暫定的なガイドライン」を公表しましたが、生成ＡＩの学習利用を現実のものとするには、いくつもの課題をクリアする必要があるからです。

ところで、認知心理学者であるＢ・Ｆ・スキナーは、１９５０年代にティーチングマシーン（Teaching Machine）なるものを開発し、「プログラム学習」を提唱しました。この考え方は、その後、自己調整学習（Self-Regulated Learning）や遠隔教育（Distance Learning）、e-Learningへと発展し、教室という場所に限らない学習へと広がりを見せています。このように、教育工学の分野では「学習環境をどのようにデザインするか」という視野から発展してきた歴史的経緯があります。

中でも、自己調整学習においては、ＩＣＴ活用と非常に親和性が高いことから、使い方次第でこれまで教師が行ってきた学習機会の提供を代替することができるようになります。もちろん教師の有する機能は学習機会の提供だけではないので、子どもたちの学習活動の充実を完全に補完できるものではありません。しかし、家庭学習など学校外での学習をサポートする役割を果たしてくれる可能性は大いにあると考えてよいでしょう。

# 個別最適な学びと、学びの質保証

ここまで、オランダの自律分散型学習モデルと、かつての100校プロジェクトとの比較から考察されるGIGAスクール構想の課題と可能性について述べてきました。次に、この両者に通底する2つの観点を挙げたいと思います。それらが、個別最適な学びと、学びの質保証につながる本質的なポイントになると考えられるからです。

## 1 個別最適な学びと学習の自己調整

1つ目に挙げておきたいことは、日本においてもオランダにおいても、クラスサイズこそ違いはあるにせよ、個別的な指導の工夫そのものはそのときに取りうる戦術にすぎず、長所と短所の双方を抱えているという点です。

加えて、学習方法や指導方法の「形式」や「形態」から個別最適的な学びの議論に入っていくと遠回りしかねないことも挙げられます。「集団の中でどうやって個々にかかわるか」「個々のなかでどうやって集団性を担保させるか」など、きわめて困難な問いをもちだしてしまいかねないからです。言い換えれば、集団を軸足にすれば個にかかわる時間を十分に確保できない、逆に、つぶさに個にかかわっているとよりよい集団を形成しにくくなるといった課題がもちあがり、どこにボーダーラインを引けば望ましいバランスになるのかといったトレードオフの問題に悩まされることになるからです。

こうしたジレンマから脱出するためには、どのような戦術を選択するのだとしても、「子どもたちが自ら学びをつくり出すことができているか」という点に着目することです。

溝上慎一氏は、氏が管理しているＷｅｂサイトで次のように指摘しています。

第１節「令和の日本型学校教育」提起の動機は何か？

提言の内容を、私なりの理解で最大限簡潔にまとめると次のようなものになる。

新型コロナウィルスの感染拡大（以下「コロナ禍」）により露呈した、とくにSociety5.0に向けてのＩＣＴ活用をいっそう充実させるため、そして、これまで課題となっていて十分に取り組めていない問題（子供たちの多様化、教師の長時間勤務による疲弊、少子高齢化・人口減少等）を整理し併せて解決を図るため、新学習指導要領を着実に実施しつつ、２０２０年代を通じて「令和の日本型学校教育」を実現する。

［中略］

第１節で述べたように、「個別最適な学び」はもともとＡＩにおける「個別最適化」概念を参照しており、審議過程の前半では「個別最適化された学び」と称して議論されていた。しかし、ＡＩの「個別最適化」は、言い換えれば、確率計算で自動的に算出される最適解のことを指す。その意味では、「個別最適化された（児童生徒の）学び」が、たとえばＡＩドリルを用いて、自動的に個々人への最適な学びへと促されるようなイメージのみで受け取られてはいけない。そのようなAIドリルの学習もあっていいが本質的には、児童生徒が自己調整をして、自身に合った「個別最適な学び」を自分で作り出していくことが重要である。そのような自律的な学習者へと育つように、教師は「個に応じた指導」を行うことが求められている。「個別最適化された学び」から「個別最適な学び」へと修正された流れは、このようなことであったと理解される。

なお、平成28年答申で示された資質・能力の三つの柱の一つである「学びに向かう力・人間性等」の中には、「主体的に学習に取り組む態度」が含まれている。主体的に学習に取り組む態度は、「学習に関する自己調整を行いながら、粘り強く知識・技能を獲得したり思考・判断・表現しようとしているかどうか」（『令和の日本型学校教育答申』、p. 17）を捉えて、評価していくものとされており、観点別評価の視点ともなっている（注4）。「個別最適な学び」は、この「主体的に学習に取り組む態度」の推進とも密接に関連していることも付け加えておく。

※溝上慎一「溝上慎一の教育論」令和の日本型学校教育──「個別最適な学び」と「協働的な学び」
http://smizok.net/education/subpages/a00048(reiwa).htmlより抜粋
２０２１年11月30日更新版──２０２３年８月23日最終閲覧
（文中の傍線は筆者による）

溝上氏の指摘を私なりに要約するとすれば、「いかなる学習方略がとられようとも、自己調整的に学習に取り組むという場面が実現できているかどうかが、個別最適な学びの指標になりうる」ということだと思います。

この点を踏まえてオランダの教育を考えると、子ども一人一人の個別化された学習が実現しているという点において個別最適な学びの条件を満たすものの、子どもの学びが自己調整的であるとは限らないと言えそうです。

そもそも子ども一人の力で自分の学習に必要なリソースを準備し、選択・判断し、自分の設定したゴールに向かって学習を進めていけるならば、その学習はきわめて自己完結的です。

そして、学習が本当に自己完結的となり得るならば、他者の学びを必要としないということになり、協働的な学びは成立しようがありません。さらに言えば、集団によって形成される学級の存在理由が失われるでしょう。

このような観点から考えるなら、学校は他者の学びによって自らの学習を自己調整する場だと言い換えることができます。言い換えれば、自律分散型の学習モデルは、「協調」の機能を併せもつことによってはじめて、自律的な学習を展開できるようになるということです。

溝上氏の論でも指摘されているように、ＡＩドリルに代表されるような「個々に合った教材」や「個々に合った指導」の下で学習を自己完結的に進めているだけでは、むしろ個別最適な学びからは遠ざかってしまうことになります。そこで、**ＩＣＴを活用しながら学びのリソースを確保しつつ、他者とのかかわりを通して自己調整的に学習を進められる環境を提供することが、学びの質保証に欠かせない**のです。

特定の知識や技術を身に付けること、そのために必要な時間を確保することが学びの質保証とされてきた従来の考え方とは対照的です。

## 2　人としての教師の役割の再定義

二つ目は、教師の役割の再定義です。ここで言う「教師」はあくまでも人を指します。

今後、自律型の学習者を育てるという観点からも、ＩＣＴを活用した学習を発展させるという観点からも、教師が前面に出て学びをリードするという場面は相対的に少なくなると想定されます。

しかしそれは、教師が不要になるというわけではありません。むしろ次のような役割への期待値が高まると考えられます。

●学習者から少し距離を置き、子どもたちに適切な学習の枠組みと学習リソースを用意するなど、学習環境をデザインするという役割

●子どもが自ら学習を進めるプロセスにおいて伴走しながら適宜・適切なタイミングでかかわり、学習のフィードバックを果たす役割

ここで紹介したい研究者がいます。それは、メルボルン大学名誉教授であるジョン・ハッティ（John Hattie）です。学校や学習のさまざまなシーンについてメタデータを分析・解析することで、「学習の可視化」（Visible Learning）に成功している研究者です。

**資料4**は、子どもたちが得る学習成果の全体を100％としたとき、6つのプレイヤーそれぞれ（子ども自身、教師、校長、学校、同級生、家庭）が、どの程度の割合で子どもの学習効果や成果に影響を及ぼしているかを表したジョン・ハッティの図です。

およそ50％ものシェアを占めるのは「子ども自身」であり、学びにとって一番大事なプレイヤーだという結果です。一見すると自明のことであるかのように思われるかもしれませんが、私たち教育者は「教師こそが一番影響を及ぼすはずだ」などとつい思いがちです。そのような意味で、この結果は（割合も含めて）非常に絶妙であり、私自身、大学教育という場で教育の一端を担っている身として真摯に受け止めたいと思います。

**資料4　学習成果に影響を与えるプレイヤーとその度合い（Hattie、2003）**

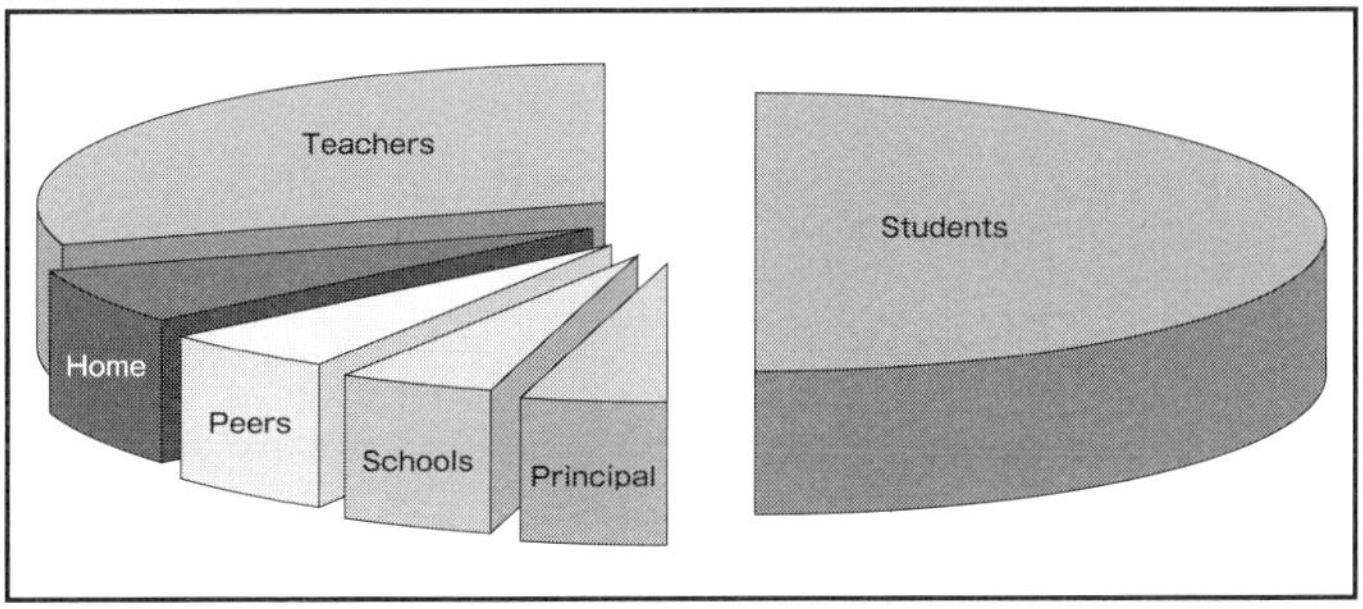


［出典］Hattie, J.A.C. (2003, October). Teachers make a difference: What is the research evidence? Paper presented at the Building Teacher Quality

次いでシェアを占めるのが教師であり（30％程度）、ハッティは論文の中で「教師の存在は重要である」と繰り返し主張しています。教師は、子どもの学習に対して外側から直接的に働きかけられるプレイヤーだからです。

それ以外のプレイヤーである校長、学校、同級生、家庭がいずれも5％程度にとどまっていることから考えても、いかに教師の影響力が大きいかがわかります。

次に、外的要因としては最も子どもの学習効果や成果に影響を与えられる教師に求められる役割について考えたいと思います。

ハッティは、各プレイヤーによる「どのような働きかけが子どもの学習成果に影響を及ぼしているか」について要因分析をしてます。

次頁に掲載している**資料5**はそれを一覧にしたもので、影響指数の高かったものから順にリストアップしています。

**資料5　学習成果に影響を与える要因とその大きさ**

| 要因 | 影響指数 | 影響を与えるプレイヤー |
|---|---|---|
| フィードバック | 1.13 | 教師 |
| 子供の（それまでの認知的な能力） | 1.04 | 子供 |
| 教授の質 | 1.00 | 教師 |
| 確実な習得指導 | 0.82 | 教師 |
| 修復/フィードバック | 0.65 | 教師 |
| 子供の学習意欲 | 0.61 | 子供 |
| 学級の環境 | 0.56 | 教師 |
| 目標の設定 | 0.52 | 教師 |
| 仲間同士で教え合う | 0.50 | 教師 |
| 完全習得学習 | 0.50 | 教師 |
| 親の支援 | 0.46 | 家庭 |
| 宿題 | 0.43 | 教師 |
| 教師のスタイル | 0.42 | 教師 |
| 問題設定 | 0.41 | 教師 |
| 仲間の影響 | 0.38 | 同級生 |
| アドバンス・オーガナイザー | 0.37 | 教師 |
| シミュレーション | 0.34 | 教師 |
| コンピュータを使った指導 | 0.31 | 教師 |
| テスト | 0.30 | 教師 |
| インストラクショナル・メディア | 0.30 | 教師 |
| 学校の教育目標 | 0.24 | 学校 |
| 子供の感情的な特性 | 0.24 | 子供 |
| 子供の身体的な特性 | 0.21 | 子供 |
| プログラム化された指導 | 0.18 | 教師 |
| 習熟度別のクラス | 0.18 | 学校 |
| 視聴覚教材の活用 | 0.16 | 教師 |
| 個別化 | 0.14 | 教師 |
| 財源 | 0.12 | 学校 |
| 行動目標 | 0.12 | 教師 |
| ティームティーチング | 0.06 | 教師 |
| 物理的な環境（例：学級の大きさ） | -0.05 | 学校 |
| テレビ | -0.12 | 家庭 |
| 原級留置 | -0.15 | 学校 |

［出典］Hattie, J.A.C. (2003, October). Teachers make a difference: What is the research evidence? Paper presented at the Building Teacher Quality

この表からもわかるとおり、各要因の上位のほとんどを占めるのが「教師」というプレイヤーです。つまり、子ども自身が最大のプレイヤーなのだとしても、学習成果が変動する（上下する）要因（動かす要因）の多くは教師が担っていることは明白です。こうしたことから、ハッティは「教師の存在は重要である」と繰り返し主張しているわけです。

さらに次のようにも述べています。

そこで、私は、違いを生み出す最大の要因である教師に焦点を当てるべきであると提案します。私たちは、この最大の影響力を最適化し、学習者にパワフルでセンセーショナルなプラスの効果をもたらすことを保証する必要があります。教師はポジティブな影響を与えることができ、また通常そうしています。しかし、教師は例外的な効果を持たなければなりません。

（傍線部は筆者による）

※出典：Hattie, J.A.C. (2003, October). Teachers make a difference: What is the research evidence? Paper presented at the Building Teacher Quality

**資料6　「令和の日本型学校教育」の構築に向けたICTの活用に関する基本的な考え方**

- カリキュラム・マネジメントを充実させ、各教科等で育成を目指す資質・能力等を把握した上で、ICTを「主体的・対話的で深い学び」の実現に向けた授業改善に生かすとともに、従来は伸ばせなかった資質・能力の育成や、これまでできなかった学習活動の実施、家庭等学校外での学びの充実
- 端末の活用を「当たり前」のこととし、児童・生徒自身がICTを自由な発想で活用するための環境整備、授業デザイン
- ICTの特性を最大限活用した、不登校や病気療養等により特別な支援が必要な児童・生徒に対するきめ細かな支援、個々の才能を伸ばすための高度な学びの機会の提供
- ICTの活用と少人数によるきめ細かな指導体制の整備を両輪とした、個別最適な学びと協働的な学びの実現

※中央教育審議会答申「『令和の日本型学校教育』の構築を目指して」（令和３年１月）「学校教育の質の向上に向けたICTの活用」の記述をもとに筆者が作成

また、**資料5**をさらに見ていくと、ＩＣＴ活用に関する重要な課題も見えてきます。

例えば、コンピュータを活用した学習（.31）、プログラム学習（.18）、視聴覚教材の活用（.16）など、ＩＣＴ活用はいずれも子どもの学習成果にプラスの影響を及ぼす一方で、その影響力は教師が果たす役割に比べれば必ずしも高くないということです。

こうした結果から、ＩＣＴを活用する際、子どもたちの学習のどのような場面で活用するのが効果的なのかを、安易に子ども任せにするのではなく、教師が明確な指導意図のもとに舵取りすることが欠かせないことがわかります。

こうしたことは、**資料6**に示すように中央教育審議会が行った提起とも軌を一にするものだと言えるでしょう。

＊

本章ではここまで、オランダの教育実践やＩＣＴ活用などに光を当てながら、個別最適な学びに必要となる考え方や、解決すべき課題について述べてきました。

本章における議論によってもわかるように、個別最適な学びやＩＣＴ活用の必要性は、この数年のうちに説かれるようになったわけではありません。個性化教育は１９８０年代、１００校プロジェクトは１９９０年代からはじまり、その後もさまざまな取組によって積み重ねられてきました。こうした知見が現在の教育実践の原資となって、かつては一部の学校や地域限定の取組であったものが、「『令和の日本型教育』の構築を目指して」という旗印のもとであまねく取り組まれるようになったと私は考えています。

他方、ＩＣＴ活用に関して言えば、先達の１００校プロジェクトや学校現場の状況を鑑みると、慣れていくほどにマンネリ化し、当初考えられていた趣旨が失われ、思うような成果を出せなくなる可能性があることも否定できません。

こうした状況に陥ることを回避し、次のステージに行くためには、溝上氏による指摘にもあるように「最適化」から「化」を取り去る必要があると考えられます。それは、「受動的な学習から抜け出す」ことにほかなりません。仮にも、学習リソースを提供するのが教師からＡＩに変わっただけというのでは、本質的には何も変えられず（学びの質は保証されず）、いつしか形骸化するでしょう。

今後、子ども一人一人が能動的な学びを手に入れるためには、（本章で述べてきたように）教師がそのための環境や機会を適切に設定する必要があります。ハッティの論を借りるならば、子どもの学習成果への影響要因が最も高い「フィードバック」です。

すなわち、学習に影響を与える個々の項目が、目の前の子どもの学習においてどのように機能しているかをつぶさにモニタリングし、教師としての知見を交えて適切に子どもにフィードバックすることです。そのためには、子どもたちを取り巻く学習の環境変数についても適切にコントロールすることが求められるでしょう。

ただし、ここで誤ってはならないこともあります。それは、「子どもの学習成果への影響力が高い要素に絞って集中的にリソースを集中させればいい」などととらえないということです。もし、そうしてしまえば、短期的に費用対効果は上がるかのように見えますが、長期的には「部分最適」にとどまってしまうでしょう。

最後に、これまで述べてきたことは教師個人の努力や献身によって実現できるものではありません。「教師個々がそれぞれに奮闘する」のではなく、「教師一人一人がチームを形成して組織的に取り組む」必要があります。この点については、次章以降で議論を深めていきます。

（坂田哲人）

# 第3章

# 人材開発、組織開発、リーダーシップ開発と学びの質保証

# 人材開発の機会としての校内研究

「教育は人なり」と言われるように、教育の成否を左右する最大の要因は「人」です。例えばＩＣＴ活用なども、それを用いる人次第でその効果は大きく異なります。学びの質保証においても同様です。「人」の力を高めることこそが重要な手段となるからです。

この「人」のありようにアプローチするのが「人材開発」です。人材開発にはさまざまな定義がありますが、古典的な定義の一つと言えるのが「組織戦略・目的達成のために必要なスキル・能力・コンピテンシーを同定し、これらの獲得のために従業員が学習するプロセスを促進・支援すること」（Hall1984、中原２０１７）です。ざっくり言えば、「学習を組織的に支援すること」を指します。

「組織戦略」や「従業員」という言葉からわかるとおり、もともとは企業における人材育成にかかわる言葉でした。この言葉が学校の教員に対しても使われるようになった背景には、学校が組織として機能することが求められるようになったことがあります。そのエポックメイキングの一つが１９９８年に公示された中教審答申（「今後の地方教育行政の在り方について」）です。

この答申においては、「校長が、自らの教育理念や教育方針に基づき、各学校において地域の状況等に応じて、特色ある教育課程を編成するなど自主的・自律的な学校運営を行うことが必要である」として、学校が組織として機能することが必要であると述べています。こうした形で「組織としての学校」が、学校でもより強く意識されるようになりました。

学校が「組織として育成に取り組む機会」として、最も一般的なのは校内研究です。校内研究は、地域や学校によってやり方が異なる部分もありますが、基本的には設定した研究テーマに基づき、校内のいずれかの教員が研究授業を公開し、その後の協議会で改善点などを論じ合う形式が一般的でしょう。この校内研究が、当たり前のように行われることで、古くから日本の教員の力量は支えられてきました。また、「Lesson Study」の名で海外でも紹介され、注目を浴びてきました。

他方、近年は授業研究が形骸化しているとも指摘されています(千々布2005)。授業を公開しても、批判ありきで建設的な対話がなされなかったり、そもそも議論が生まれなかったりするなどして学びが生まれにくく、参加者のモチベーションもあがらないというのです。

本研究グループが2017年に行った調査においても、教師の行動変容につながる校

**資料１　行動変容につながる校内研究（脇本、町支2015）**

| | 行動変容 | |
|---|---|---|
| | β | t |
| リーダー教員 | .109 *** | 5.487 |
| 講師の指導 | .088 *** | 4.736 |
| 進め方の検討 | .181 *** | 9.186 |
| エビデンス | .022 | 1.266 |
| 管理職 | .108 *** | 5.870 |
| 協働的テーマ設定 | .097 *** | 5.491 |
| 学外参観者 | −.041 *** | −2.362 |
| 条件整備 | .009 | 0.523 |
| 事後の取り組み | .138 *** | 6.904 |
| R2 | .2.77 *** | |

内研究にはどのような特徴があるのかについて調べたところ（町支、脇本２０２０）、**資料１**の結果になりました。

数値の意味やとらえ方については、データ分析についての知識が必要ですが、ひとまずは数値の大きいものに注目してください。「進め方の検討（例：研究協議会のやり方について検討し、改善を加えている）」や「事後の取り組み（例：校内研究のあり方や進め方そのものについて事後評価する機会がある）」が高くなっています。裏を返せば、「それが伝統だから」といった理由で、これまでやってきたことをなぞるだけの惰性的な校内研究である限り、参加者は研究の意義を感じられず、授業改善につながらないということです。

近年では、長時間過密労働が問題になる中で、校内研究に労力をかけること自体に疑問を投げかける声なども聞かれます。こうした点も含め、いま改めて校内研究のあり方が問われているると言えるでしょう。

こうした点を「学びの質保証」という視点から考えたとき、人材開発の機会としての校内研究においては、次の2つの側面が問われていると考えます。

- そもそも教員が学び育つ機会として機能し得るのか。
- 新たな学習観のもとでの学びの質保証ができるような人材育成になっているか。

## そもそも教員はいかにして学ぶのか

これからの学校の人材開発のあり方を考えるうえで、まずは「そもそも教員はいかにして学ぶのか」について考える必要があります。人材開発とは教員の学びの組織的な後押しであると言えるからです。

私は以前、多くの教員に、「1年間、楽しい学級経営を行っていくコツはなんですか？」「そのコツはどのようにして学びましたか？」と問いかけてみたことがあります。

前者の問いについては、人それぞれ答えは異なるわけですが、後者の問いについては多くの人が「経験を積み重ねる中で学んだ」「日常の中で学んだ」と答えています。

教員に限らないことですが、実社会に出た大人がどのように学ぶのか、何から学ぶのかについては、過去に調査が行われており、大人の学びの源泉の7割は「経験」にあるということがわかっています（Lombardo & Eichinger 1996）。本書の多くの読者は教員の方々だと思われますが、おそらくみなさんもこの考えに同意されるのではないでしょうか。

ただし、経験さえ積み重ねれば人は学び成長できるわけではありません。もし、成長する要因が経験だけで事足りるのであれば、教職経験の長いベテラン教員ほど高い力量をもっているはずですが、現実的には必ずしもそうなってはいません。考えるべきは「経験をいかに学びにつなげるか」です。

この「経験からの学び」について理論的にモデル化したのが、D・コルブの「経験学習モデル」です。この学習モデルは、具体的経験・内省的観察・抽象的概念化・能動的実験の4つの段階から成っています（資料2）。

「具体的経験」は、日々の仕事の中でそれぞれの具体的な経験をする段階です。「内政的観察」は、その経験の内容を振り返る段階であり、「抽象的概念化」は、振り返りの成果をコツや持論といったものに昇華する段階、そして「能動的実験」は、それを新たな試み

**資料2　経験学習モデル**

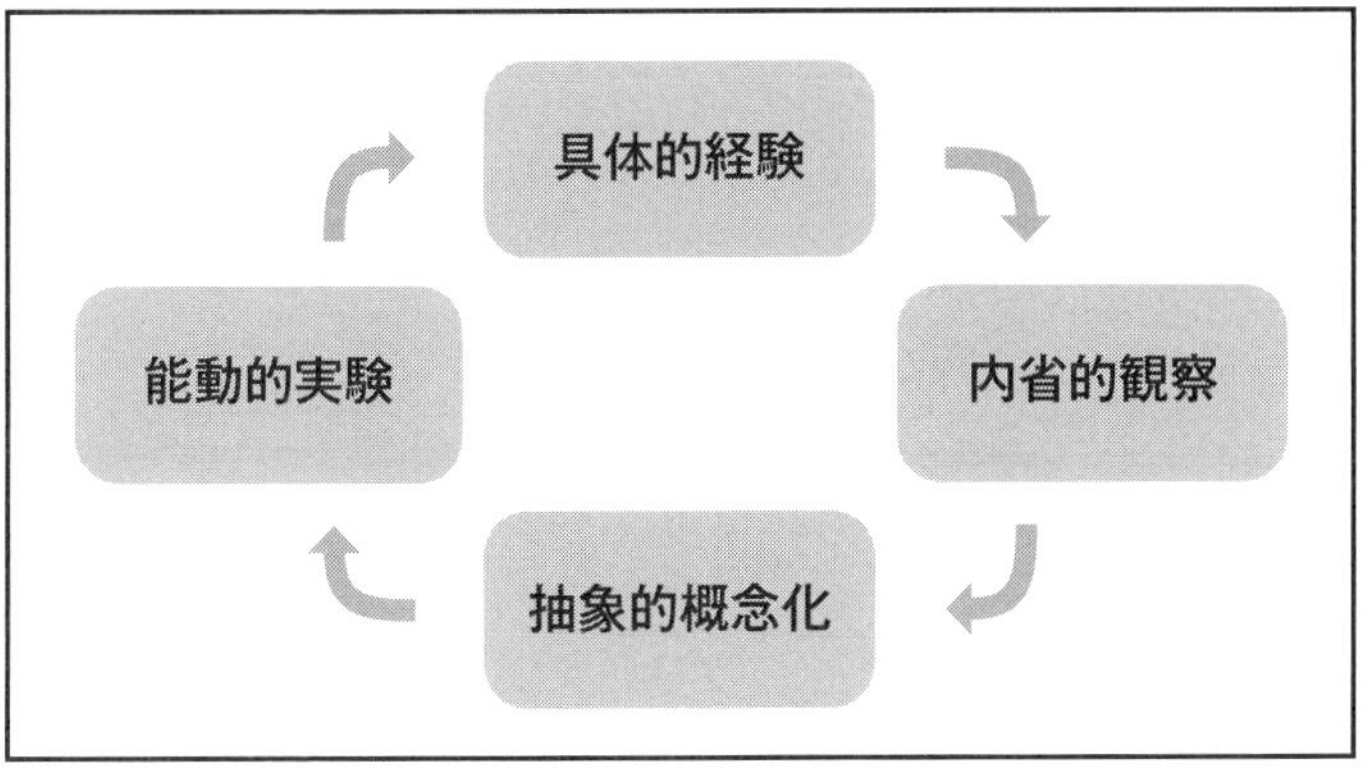


に生かす段階です。これらのサイクルが回っていくことを通じて、人は学び、成長していくという考え方です。

とてもわかりやすいモデルですが、よりシンプルにポイントをあげると、「**経験学習モデルのサイクルは、日々経験を積み重ねながら『背伸び』と『振り返り』を繰り返していくことだ**」と言い換えられるでしょう。

例えば、「内省的観察」と「抽象的概念化」は質の高い振り返り、「能動的実験」は振り返りを生かしながら背伸び（これまでできていたことに加えて新たなチャレンジ）をしていくことです。このサイクルを回しながら（少しずつ新たなチャレンジを加えながら）、経験したことをやりっぱなしにせず適切に振り返ることができれば、かつてはチャレンジとして行っていたことが、自然にできるようになっていく。こうしたことを積み重ねていける人こそ、「学び、成長できる教員である」と言えそうです。

では、こうした「経験からの学び」は、「学習者主体の学び」や「学びの質保証」という視点から、どのようにとらえることができるでしょう。それについて考える前に、教員にはなぜ「経験からの学び」が必要なのかについて考えていきたいと思います。

そのポイントの1つ目は、教員の仕事における「不確実性」です。

ここで言う不確実性とは、「教員の仕事は基本的に思ったとおりにならない」ということであり、その最大の要因は子どもたちです。いくら事前に緻密な計算を行って計画を立てたとしても、教員の思ったとおりに子どもたちは動きません。そのため、その場その場で即興的に判断しながらかかわることが求められます。

そうした即興的な判断のよりどころとなるのが、これまでに培ってきた経験です。しかし、ただ経験してきたというだけでは、判断や行動の質を高めることはできません。ここに、自分の行ってきた判断や行動を振り返ることの重要性があります。その積み重ねが教員の学びや成長につながるからです。

ポイントの2つ目は、何らかの判断や行動には「自分」という個性・人格の影響を強く受けることです。

例えば、2人の教員がそれぞれ同じことを口にしたとしても、一方が強面の様子、もう一方が優形の様子であったとしたらどうでしょう。子どもは異なる受け止め方をするはずです。子どもの言動に対する受け止め方についても、感受性の強さや弱さは影響しているでしょう。

こうしたことは一例にすぎませんが、教員の一挙手一投足に、その人自身の個性や人格が溶け込むことは免れ得ません。だからこそ、他の教員が学んで得たものを単純に自分に置き換えても、うまくいくはずはありません。自分とその他者は個性や人格が異なるからです。それぞれの教員が、自分のかかわった出来事や状況について振り返り、自分なりの学びを得ていく必要があります。

佐藤（1990）は、こうした学びの重要性について論じていて、教員の知には「経験的な知」や「個性的な知」があると指摘しています。この指摘は今から30年以上前になされたものですが、学習者主体の学びが強調されている今日、その重要性はますます高まっていると考えられます。というのも、教員が学習者主体の学びを実現しようとすればするほどに「不確実性」もまた高まるからです。

教員主導で授業を進めていても直面せざるを得ないのが不確実性です。教員が子ども全体を安易にコントロールすることをやめ、子どもから質問されたり相談をもちかけられたりするなど、個別の子どもとのやりとりが増えるほどに不確実性が高まります。

学習が学習者主体であるほどに、子どもが次にどのような行動に出るのかは、読みにくくなります。その分、即興的な判断が求められる場面は増え、落ち着いて自らをコントロールしづらくなり、教員自身の人格や個性が滲み出やすくなります。ますますコピペでは対応できなくなり、自分の経験から自分の学びを得ていく必要性が高まると考えられます。

以上のように、学習者主体の学びにおいては不確実性や即興性が高まり、「経験的な知」や「個性的な知」がこれまで以上に重要になると考えられます。こうしたことから、現代においては「経験からの学び」の重要性が増すと考えられるのです。

## 人材開発の機能を高める—関係性への着目

本章で言うところの人材開発とは、「経験からの学び」を組織的に促すことであり、学校教育においては校内研究の場がその絶好の機会となります。そこで、ここからはさらに校内研究に光を当てて述べていきたいと思います。

先に述べたとおり、「経験からの学び」のポイントは「背伸びと振り返り」です。これは従来の校内研究においても取り入れられてきたことです。例えば、研究授業は、授業者が経験してきたことをふまえ、当該校の研究テーマに引き付けながら授業改善につな

**資料3　ダニエル・キムの法則**

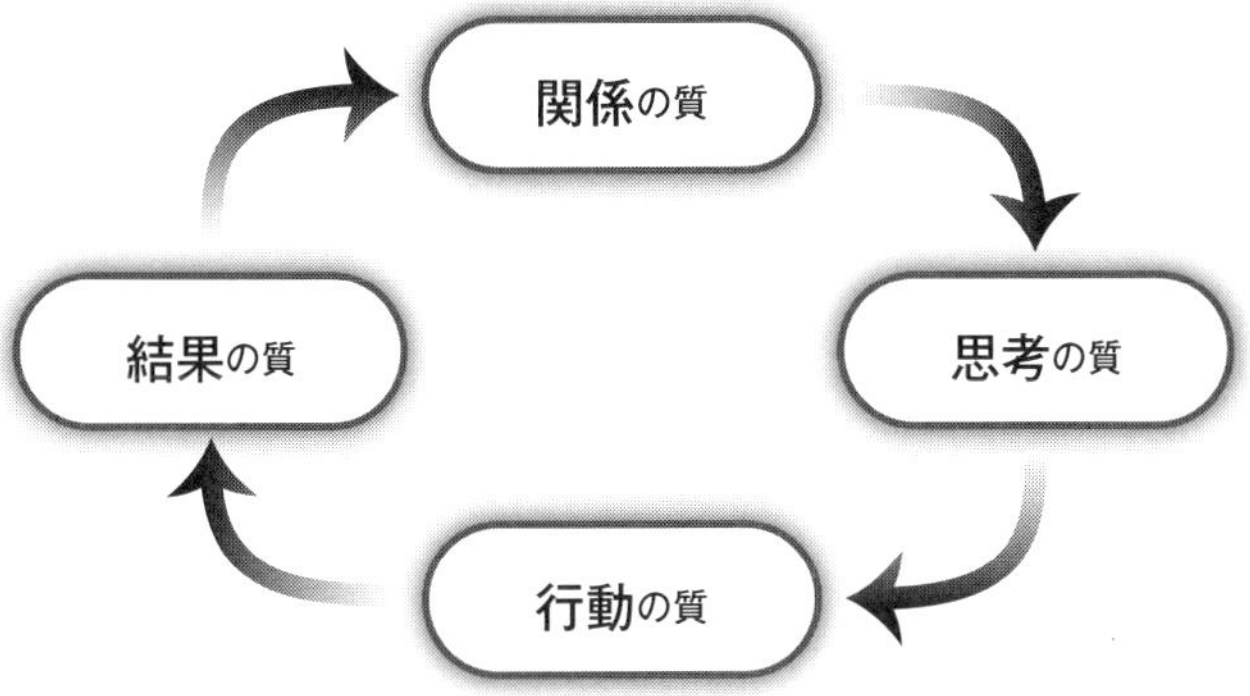


がる（かもしれない）提案性のある授業を行うことが目的です。

ここで言う提案性とは、授業者自身の背伸びであり、協議会は研究授業で授業者が背伸びしたことについて振り返り、論じ合い、授業改善に生かせる視座を見つけ出す試みです。

そんな役目を担うはずの授業研究ですが、現在は「背伸びと振り返り」が機能しにくくなっていると言います。

校内研究が機能するポイントについては、木原ら（2015）などさまざまな研究がありますが、ここでは「関係性」に着目してみたいと思います。

ダニエル・キムの法則というものがあります（資料3）。これは、「関係の質がよくなることで思考の質が高まり、その結果、行動の質が改善して結果を出せるようになるようになる」というモデルです（このサイクルがいい循環で回り出すと、関係の質はさらによくよくなります）。

逆に関係の質が悪いと、その後の思考・行動・結果にも悪影響を及ぼします。たとえば、校内研究における背伸びについても、関係性が重要な影響を及ぼします。

そもそも提案する（背伸びをする）ということは、新しいことにチャレンジすることにほかなりません。そうである以上、うまくいかずに散々な授業になる可能性も高いのです。

もし関係性が悪ければ、授業構想の段階で「失敗を咎められるのではないか」という懸念を覚えるでしょう（思考）。その結果、授業者は萎縮して無難な授業を行い（行動）、授業改善のための視座を得られにくくなります（結果）。一方、チャレンジを後押しするような関係があれば、提案をもとに、新しい視座が得られる可能性も高まります。

この関係性は、振り返りにおいても重要です。

研究協議会に参加させていただくと、いかにも授業者が萎縮してしまっている光景を目にすることがあります。「正しいことを言わなければならない」という雰囲気に、授業者自身が飲まれてしまっているのです。

こうした気詰まりな雰囲気は、参加者の視線によって生まれるだけではありません。指導講評の立場にある指導主事などのたたずまいによっても助長されてしまうことがあります。もしそうであれば、授業者も参加者も思い切った発言を行うことができなくなります。いずれも表面的な「べき論」に終始してしまい、誰一人として参考になる学びをもち帰ることができないでしょう。

硬い雰囲気のなかで、あるいは、「べき論」に終始するなかで教員の学びが生じづらい理由は、授業中の教員自身が感情に揺さぶられる存在だから、という点にあります。

たとえば、子どもたちに発問しても誰も答えず沈黙が続いたときの困惑、説明すればするほど子どもたちの表情に「？」が浮かんでしまうときの焦り、予想だにしなかった子どもの行動による混乱などが起きたとき、感情が揺さぶられてしまいます。そうしたあとの判断や行動は、どうしても消極的になりがちでしょう。

このことからもわかるとおり、教員の判断や行動には感情が強く影響します。教員の判断や行動について適切に振り返られるようにするには、教員の内面にも光を当てなければならないはずです。

そして、そうした内面は、授業者本人がオープンにしない限り、実際の姿が見えてきません。硬い空気のなかで、授業者は感情や気持ちをありのままに吐露することができるでしょうか。おそらくできません。だからこそ、振り返りにおける関係性が非常に重要だと言えます。

こうした点は、いくつかの研究においても示されています。例えば、脇本ら（2015）

**資料4　職場の協働性と経験学習**（脇本ら2015）

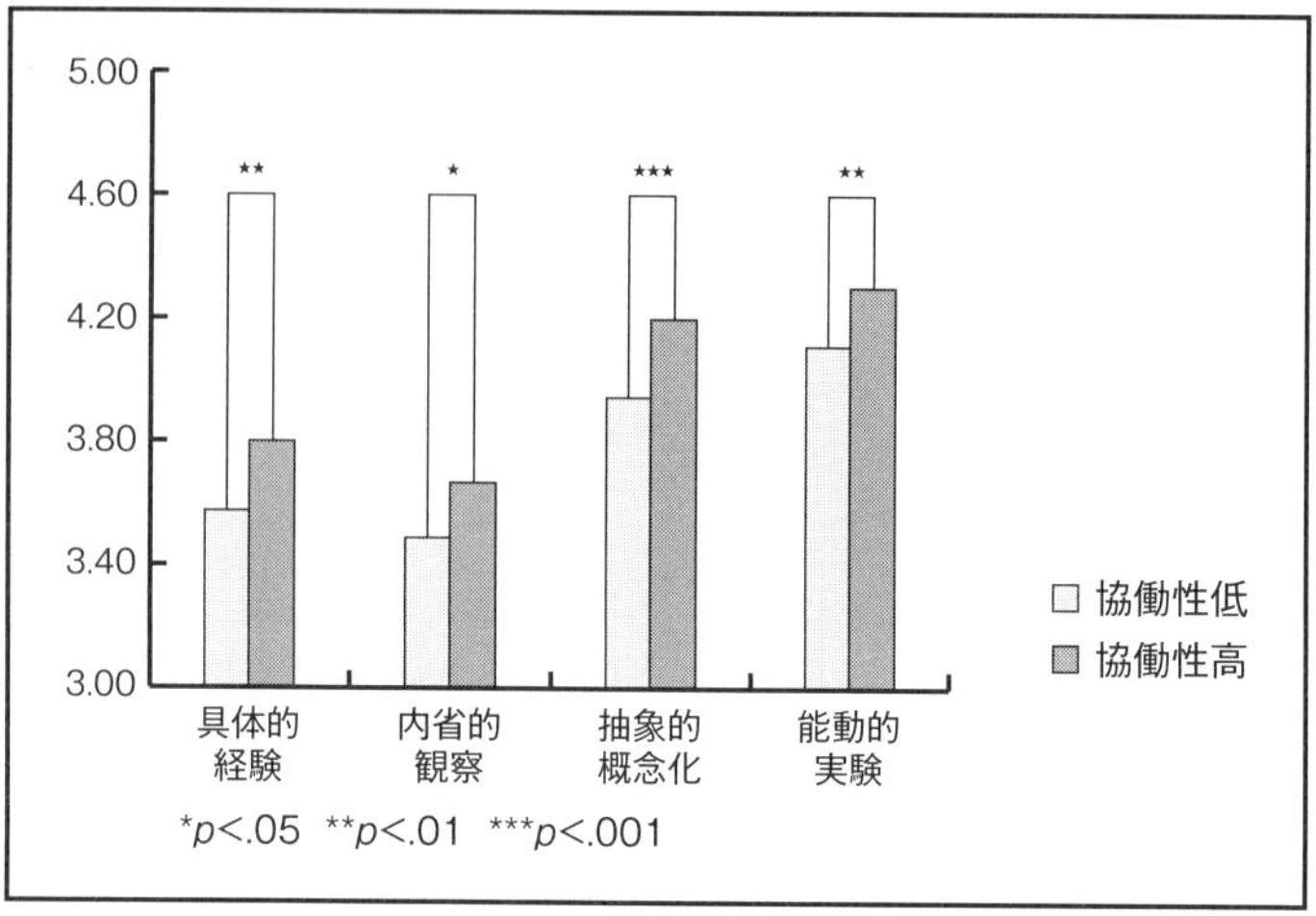


の研究では、**資料4**のような結果が出ています。このグラフの縦軸は、経験学習の4つにかかわる行動がどの程度なされている（と認識されている）かを表し、色の薄いほうは協働性の低い職場にいる教員、濃いほうは協働性の高い職場にいる教員の回答結果です。

すべての段階において、色の濃いほうが高い結果であり、協働性の高い組織にいる教員ほど、「背伸びと振り返り」に取り組めていることがわかります。

（前述したように）学習者主体の学びは、子どもたちの行動の不確実性をより高めます。これまで学習の流れをグリップしコントロールすることに慣れてきた教員にとっては、とりわけ戸惑うことが増えるでしょう。そのような状況下では、「背伸び」をすることのハードルはより高く感じられるはずです。

こうしたことから、よい関係性のもとで周りの後押しを受けられる教員と、そうした関係性に恵まれない教員とでは、背伸びができる度合いに大きな差が生じると考えられるわけです。

## 2つの事例――組織開発と人材開発

職場の上司や同僚との関係がよいほうが学校組織全体や個別のチームがよりよく機能することは、多くの方にとっても自明かもしれません。問題は、こうした関係性がどのように形成されるものなのかという点です。

そもそも、自分一人の力でどうにかできることではなく、相性の問題などもあることから、成り行きに任せるしかないと考えている方もいることでしょう。他方、意図的にいい関係性をつくるために、いわゆる呑みニケーションを大切にしていたり、レクリエーションを行っていたりする学校もあると思います。しかし、コロナ禍や働き方に対する意識の変化などもあって、昔ほどは行われなくなってきていると聞きます。

また、年度当初にチームビルディング研修を行う学校もあるそうですが、最初はいい機運が生まれるものの尻つぼみになってしまうなど、いまひとつ効果を実感できていない方も少なくないようです。

こうした「どうすればよりよい関係性を形成できるか」という点に着目し、知見を積み重ねてきたのが「組織開発」という研究分野です。組織開発とは、（さまざまな定義がありますが）「組織を機能させるための意図的な働きかけ」を指し（中原ら２０１８）、特に組織のハード面（組織構造や精度など）よりも、ソフト面（組織内の人と人との間にあるもの。例えば、人間関係や文化、目標や認識の共有、コミュニケーションや意思決定のあり方等）にアプローチすることを特徴としています。いわば、「共に背伸びに向き合う関係性をどうつむいでいくか」について考える研究分野だと言えるでしょう。そこでここからは、組織開発の手法について整理していきます。

組織開発の手法は多岐にわたります。大きくは「診断型」と「対話型」とに分かれ、さらに「ポジティブ・アプローチ」と「ネガティブ・アプローチ」があります。

## 1　組織開発の手法

### (1)　診断型と対話型

「診断型」とは、組織の状態に対する診断結果をもとにして改善を図る型です。佐古・

資料5　内発的改善サイクル（佐古、住田2014）

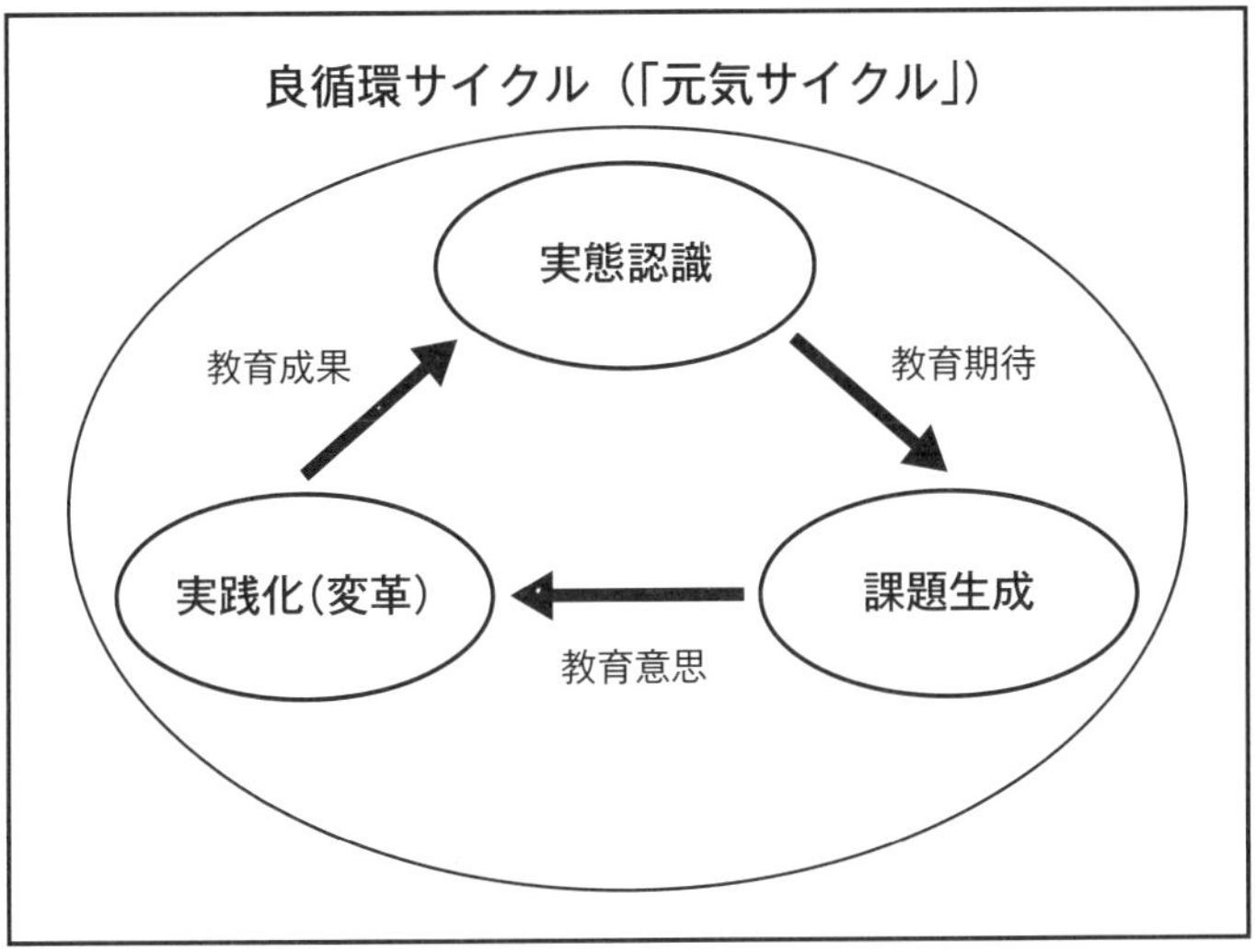


住田（2014）の研究によれば、資料5のサイクルを重視し、質問紙調査を通して実態を把握したり、ワークショップを通じて実態にかかわる認識を整理したりします。こうして浮かび上がった実態をふまえて、学校の課題とビジョンを作成・共有して研修等を行うことで、教員の自律性と協働性を高めることを目指します。

それに対して「対話型」とは、その名のとおり対話を通してソフト面にアプローチする型です。山田（2014）は、次のような活動を設定して実践しています。

●「学校組織内で自分が体験することができた最高の瞬間」について教員同士がインタビューし合い、その学校組織が有するポジ

ティブな潜在能力は何かを見付け出してオブジェ（色紙や風船等）に表す活動

●学校の目標を達成している子どもの様子について話し合い、それを寸劇にして表現する活動

●その後、自分たち教員がどの程度目標を実現できているかについて自己評価したり、これからの勤務校のあり方について自由に対話（OST）したりする活動

このように行った結果、以前よりも対話的な同僚関係が築かれたといった成果を報告しています。

### (2) ポジティブ・アプローチとネガティブ・アプローチ

「ポジティブ・アプローチ」とは、組織や人の強みや価値にフォーカスし、見いだした強みを連携させることでより高い成果を生み出すことを目的とします。先に挙げた実践例に引き寄せると、山田の実践（「対話型」）はポジティブ・アプローチ（強み重視）だと言えます。

それに対して、「ネガティブ・アプローチ」とは、組織内にどのような課題があるのかを発見し解決することで組織の健全化を図ることを目的とし、佐古の実践（「診断型」）はネガティブ・アプローチ（課題解決型）に当たります。

とはいえ、こうした手法は必ずしも明確に二分されるものではなく、組織の状態につ

いて質問紙調査をしつつ、それをもとに対話を行うなど、両者が混在することも多いのです。どのような手法を採るにせよ、重要なことは、構成員の関係性の形成を成り行き任せにすることなく、また単発のワークショップで終わらせることなく、意図的・計画的・継続的に行うことです。

なお、組織開発の手法についてはほかにもあります。紙幅の関係でそのすべてを紹介することはできませんが、興味のある方は、中村（2015）、中原・中村（2018）、ブッシュ&マーシャク（2018）が紹介する考え方や方法に当たってみるとよいでしょう。

さて、ここからは組織開発の知見を活用し、教員の成長を期する「背伸びの後押しにつながる関係性」の醸成に活かせる事例を紹介したいと思います。

## 2 IDEALアプローチ―小松、町支（2022）の事例

1つ目は、小松、町支（2022）の実践報告で、ポジティブ・アプローチが採用されており、研究授業のあり方について話し合うことを通じて学年組織の醸成を図った小学校の実践です。

前述の山田の実践においても同様のことが言えますが、4Dプロセスという考え方をベースにしています。これは、振り返りを行うことによって組織の強みに目を向け

**資料6　4Dプロセス（北居ら2018、山田2014等を参考に作成）**

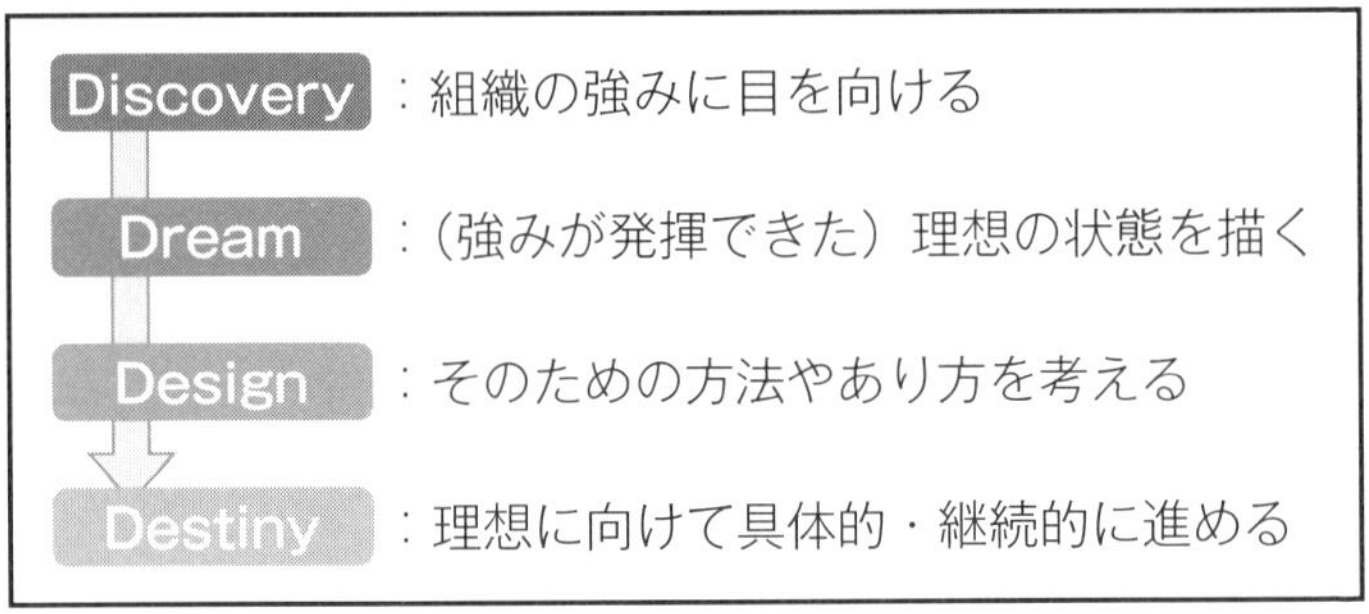
Discovery
：組織の強みに目を向ける
Dream
：（強みが発揮できた）理想の状態を描く
Design
：そのための方法やあり方を考える
Destiny
：理想に向けて具体的・継続的に進める

（Discovery）、強みが発揮された理想の状態を描き（Dream）、そのためにどうあるべきか道筋を付け（Design）、具体的な行動や変化へとつながる活動をする（Destiny）というプロセスです（**資料6**）。

では、具体的に紹介していきましょう。

(1)　まず、4人1組になり、「子どもとのかかわりの中で楽しかった場面」についてオブジェをつくります。これは、理想的な状態に意識を向ける活動です。その際、「エンタくん」（円状のホワイトボード）をメンバー4人の膝の上に乗せ、その上にオブジェを作成します。

(2)　よりよい関係性を醸成する鍵を握るのは対話だという考え方から、メンバー間で「理想的な対話とはどのようなものなのか」について話し合います。この話し合いは、ラウンド・スタディ形式（石井ら2017）の手法を取り入れて行います。

まず、２人ずつグループになり、ラウンド①では「理想の対話」にはどのような特徴があるのか考えを出し合っては「エンタくん」に書き込むとともに、そのなかから自分がポイントだを思うことを付箋に記します。

ラウンド②ではグループをシャッフルし（メンバーを入れ替え）、ラウンド①でどのようなことをポイントに挙げたのかを共有し合ったうえで再び「理想の対話」について意見を出し合い付箋に記します。

ラウンド③ではラウンド①で対話したメンバーに戻り、ラウンド②で話し合ったことを共有します。

ここまでが４Dでいうところの「Discovery」や「Dream」のプロセスに当たります。

(3) 次は「Design」の段階で、「理想の対話」を具体化するには何をどうする必要があるのかを考えます。「Design」では、理想の実現に向けた歩みを文章化したり具体的な計画を立てたりします。

組織開発は、「厳格なルールを確立し、厳密に進めるようなやり方には馴染まず、組織開発の原理については重視しつつも、どのように実現を図っていくかについては実践者に委ねてかまわない」と言います（山田２０１４）。小松ら（２０２２）は、(2)のディスカッションで参加者からあげられた「理想的な対話」のポイント（付箋）を整理・分類し、指標化するという形で「Design」しています。

具体的には、「相づちを打つなど聞く姿勢を取れていたか」「みんなが話せる雰囲気になることを意識していたか」などといった話しやすさ、「子どもたちがよりよくなるための視点で話せていたか」「疑問や質問をもったうえで話し合いにのぞめていたか」などといった前向きさにかかわる指標がつくられました。

(4) Destinyの段階では、作成した指標を用いて振り返り（自己評価）を行います。具体的には、すべての指標について5段階で評価し、その結果を共有しながら各自の思いを語り合います。こうした自己評価と振り返りを繰り返し行います。小松ら（2022）は、研究授業の準備のための対話を実践の舞台としていたため、授業づくりの対話が行われるごとに、(4)を繰り返し、計6回行いました。

以上が、実践全体の概要です。

小松ら（2022）は、この実践を「IDEALアプローチ」（4Dをベースとしつつも、各構成員が対話を通して理想の状態を探り、指標化し、継続的な自己評価を通じて共有し合う方式）と呼んでいます。前述の論文によれば、実践を積み重ねた結果、他の教員のがんばりを褒めたり感謝する傾向が以前より強まったと報告しています。

この実践が研究授業に向けた検討という「背伸びのための場」で行われていることも重要でした。つまり、**理想を視野に入れながら一緒に背伸びを体験することが、背伸びをよしとする関係性をつくる近道だ**と言うことができるでしょう。

### 3　事前検討重視型校内研究――新坊ら（2022）の事例

2つ目は、新坊ら（2022）の実践報告で、次に挙げる課題意識と目的のもとに行われた実践です。

**【課題意識】**事後の研究討議会の負担感から研究授業の授業者になることを敬遠してしまっており、そのような授業者の心情を知ってか、毎回の研究討議会も深まりのないものとなってしまっている。

**【目的】**教職員の研修に対するモチベーションを高め、日々の授業改善につながる授業づくりをみんなで学びつづけられる学校組織を構築する。

この実践の特徴は、研究授業に向けた事前検討を重視するところにあります。また、多くの学校では、個人や学年、あるいは、低学年部・中学年部・高学年部といった部単位で行うことが多いと思いますが、校内の全教員で行う点が特徴的です。では、新坊（2022）を参照・引用しながら具体の実践内容を紹介していきましょう（「　」内は該当論文の引用）。

(1) 最初に行うのが「事前学習会」で、「教科の目標」や「系統性」について学ぶとともに、「講師による模擬授業」が行われたり、「先行する実践等に関する積極的な情報提供」が行われます。

(2) 次に行うのが「研究cafe（模擬授業）」で、「教員の自主的な参加」のもと、「事前学習会を受けて考えた指導案に基づいて模擬授業」が行われます。授業者以外の教員は「児童役」をつとめます。教員のみで行う場合もあれば、外部講師が参加し、コメントする場合もあります。

「研究cafe（模擬授業）」に対する印象をインタビューしたところ、「事前に悩みを共有できる」「普段かかわることのない学年の先生とも話をする機会となるので、授業者がとても安心できる」といった回答がありました。

こうした安心感が生まれるのは、(1)(2)の事前検討に、一部の教員ではなく全教員が参加しているからだと考えられます。通常の形のように、研究授業ではじめて授業をみるのではなく、授業づくりに自分も参画しているからこそ、その授業や授業者を評価の対象として見るのではなく、自分ごととしてとらえることができるようになると考えられます。その結果、授業者を孤立させない校内研究が可能になったのだろうと考えられます。

(3)　本番の研究授業では、外部講師や教育行政担当者などを招聘しません。「全教員参加による事前検討」が行われることで、授業者以外の教員も「参観者であるだけでなく、授業の計画者」となり得るからです。

新坊の報告によると、「『あの課題に児童はくいつくのだろうか?』」と、「参観者の心の内にある期待と不安は、授業者と同じ動き」をすると言います。すなわち、「個々に目的や課題意識、問題意識を持って参観する」ことができているということです。この点も、授業者ではない教員も研究授業を「自分ごと」としてとらえている証左だと言えるでしょう。

実際に次のコメントが寄せられています。

「いろんな先生のアドバイスがあって、この方向で行こうっていうのが自分の中で決まっていたので、当日安心して授業を行うことができました。…私にとったら、この回を踏んでいったというのが自分の自信につながったかなと思います」

**資料7　事前検討重視型の効果とそのプロセス（脇本ら 2018）**

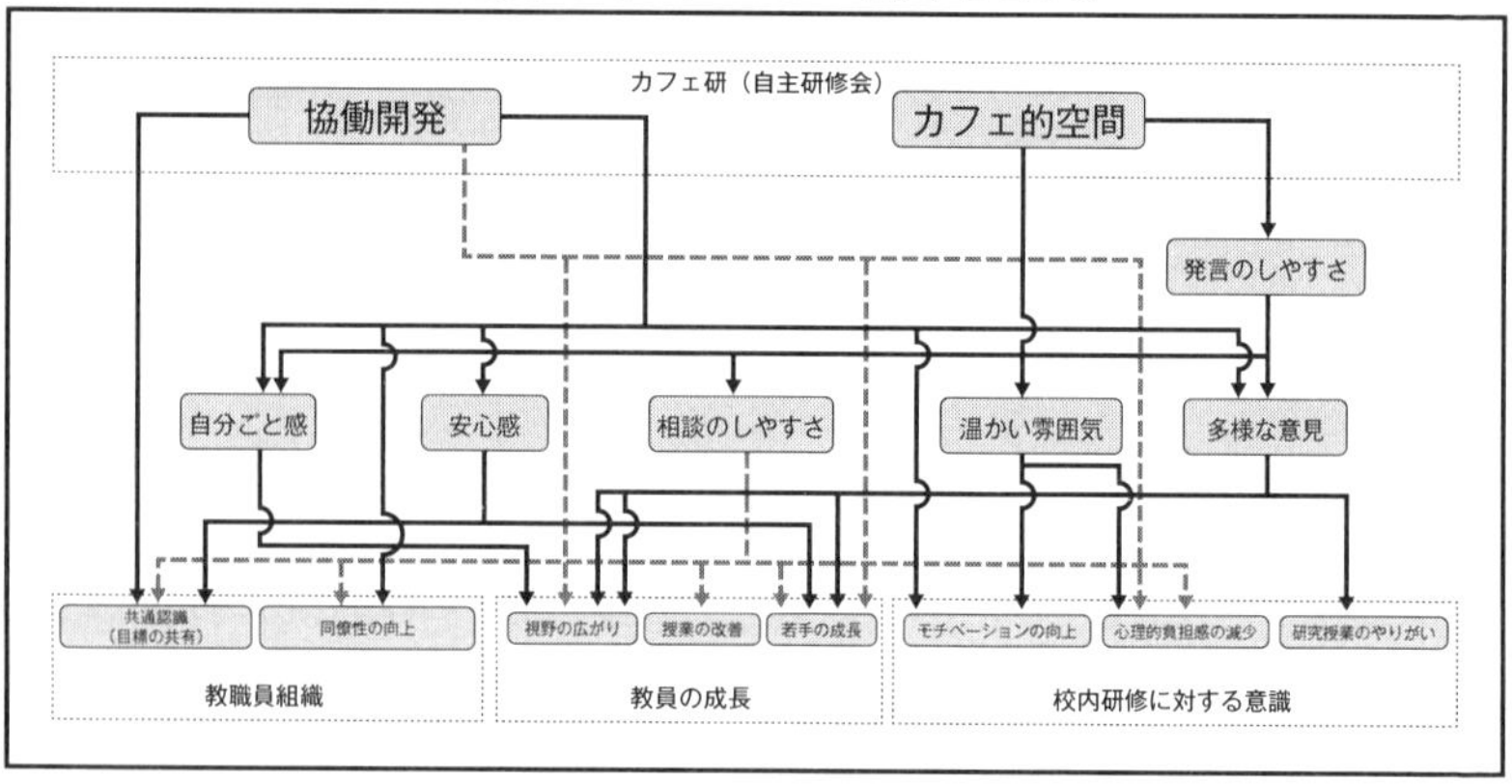


「うまく行ったこととか、予測したことと同じ反応が子どもたちから返ってくるとすごいみんなが嬉しかったり…」など

本実践については、取組の成果に関する調査（参加した教員へのインタビュー）が行われており、「質的データ分析（佐藤２００８）」の手法を用いてモデル化したものが**資料7**です（脇本ら２０１８）。この分析結果から授業改善のみならず、同僚性が向上したと認識されていることがわかります。

以上、ここまで２つの事例を紹介してきましたが、現段階では特定の学校や学年で一定の効果が見られたと言うにとどまり、汎用的に適応可能というわけではありません。

ただそうはいっても、共通することもあります。それは、どちらの実践においても、組織の関係性の変容を運任せにすることなく、よりよくするための工夫を意図的に行っている点です。

本章の冒頭でも述べているとおり、「授業研究が形骸化しているのではないか」などと指摘されている今日だからこそ、組織の関係性に光を当てる意味でも、本項で紹介した2つの事例は参考になるのではないでしょうか。

## リーダーシップ開発としての人材開発

ここまで、「経験からの学び」を後押しするアプローチを紹介してきましたが、ここからはリーダーシップ開発としての人材開発という観点から、「学びの質保証」についてさらに深掘りしていきます。

### 1　組織の一員としての力量形成

教員の力量というと真っ先に思い浮かぶのは、教員個人の授業力や児童・生徒指導力といったところでしょう。しかし、教員の力量を推し量るのは、それらだけではありません。本項でフォーカスするのは「組織の一員としての教員の力量」です。

これは、2000年前後から注目されるようになったもので、その契機の一つになったのが、文科省のマネジメント研修カリキュラム等開発会議が公表した「学校組織マネジメント研修〜すべての教職員のために〜（モデル・カリキュラム）」（２００５年）です。その後、各自治体において広がりを見せ、現在に至ります。

当初は、授業力や児童・生徒指導力とは異なる位置付けであるという認識が強かった「組織の一員としての教員の力量」ですが、学習者主体の学びに注目が集まるにつれて、両者はオーバーラップしてきています。

これまで教育実践というとき、（意識的・無意識的であるかにかかわらず）教科・学年・学校といった枠組みを前提として考えることが多かったはずです（もちろん、そうでない場合もあります）。それが近年、子どもの主体性に基づいて学習活動を構想するというとき、教科・学年・学校といった枠組みにとどめてしまうと、子どもの学びの質を保証できないのではないかという議論が生まれました。

例えば、次のようなシチュエーションを想定してみます。

●東北地方の農業について学んでいた子どもたちが、どのように農作物が売られているのかについて知りたくなり、福島県のアンテナショップに行ってみたいと言い出した。
●アンテナショップで買った桃を食べたことをきっかけとして、自分たちのオリジナル料理をつくってみたいという創作意欲が湧いてきた。

●子どもから「オリジナル料理を創作するプロセスを撮影して動画配信したらどうか」という意見が出された。

●次第に東日本大震災に対する関心が高まり、ボランティアセンターなどに足を運んで話を聞いてみたいという話題がもち上がった。

これはあくまでも一例に過ぎませんが、学習が子ども主体であるほどに彼らの興味・関心は多方面へと広がり、教科・学年・学校といった枠組みに収まり切らなくなっていきます。

こうした実践を現実化するには、担任する教員個人の力でどうにかなるものではありません。さらに言えば、学年団を組む先生方との連携だけでも事足りず、学校組織全体の課題として共有しながら、状況に応じてさまざまな学校内外のさまざまな人たちとのコミュニケーションを図る必要が生まれます。

例えば、ゲストティーチャーを招聘するにしても、同学年の先生方と調整を図りつつ、管理職との連携が欠かせません。オリジナル料理を創作するとなれば家庭科の教員との連携が必要となるでしょう。保護者や地域、教育委員会とのやり取りも必要となるはずです。また、動画を作成して発信することについては賛否両論あるでしょうし、そのなかで推進していくには組織内で合意をとりつけたりすることも必要になるでしょう。

右に挙げたことはいずれも昔から行われてきたことではありますが、イベント的に単発で終わることなく、継続的・日常的に行えるようにするためには、組織内外における円滑な連携がこれまで以上に必要となります。また、一口に連携と言っても、（管理職を含む）教員間のホウレンソウや議論、人員配置や日程などの各種調整、リソースを得るための交渉など多岐にわたります。

こうしたことから、よい学びを実現するためには、これまでのいわゆる授業力だけでなく、組織内外でこうしたことが推進出来る力量も同時に必要とされるようになってきたと言えるでしょう。

これは、①教科等横断的な視点で教育内容を組織的に配列する、②適切にＰＤＣＡを回す、③内外のリソースを活用するといった教員自身のカリキュラム・マネジメント力にほかならず、授業力に加えて、学習者主体の授業を実現するために欠かすことのできない力量だと言えるでしょう。

では、どのようにすれば、教員一人一人がこうした力量形成を図ることができるようになるのでしょうか。そのヒントの一つとなるのが、リーダーシップ開発です。

## 2　経験学習型リーダーシップ開発

これまでリーダーシップは、先天的な才能や個性に大きく左右されると思われてきました。（そうした面もあるでしょうが）近年では学習可能なものだと考えられるようになってきています。そうした学びを実現するために検討を重ねてきた領域がリーダーシップ開発です（堀尾、舘野２０２０）。

その手法にはさまざまありますが、なかでも「経験学習型」が注目を集めています。これは、リーダーシップにかかわる経験を積み、そこで得たことを内省することを通じて学びを深めていくという型で、経験学習モデルをベースとしています。

実際、経験学習型は効果的であることがわかっていますが、その一方でデメリットも指摘されています（堀尾、舘野２０２０）。例えば、経験から学ぶ際、とりわけ重要となる源泉が失敗体験です。成功体験よりも失敗体験のほうが、実りある学びを獲得する確度が高いからです。

他方、リーダーシップ開発は、個の学びとして完結することはできません。必ず組織（集団）を必要とします。すなわち、リーダーシップとしての力量形成を図る際の失敗体験は、組織の構成員を巻き込んでしまうのです。そのために生じるコストは軽視できません。

そこで、このデメリットを解消する一つの方法として、ケースメソッドが注目されています。これは、リーダーシップ経験を疑似体験するものであり、「実際の出来事を記述したケース教材をもとに、自らが当事者ならばどのように意思決定するかをまとめたうえで、集団で討議を重ねる」手法です（大脇2011）。

具体的には、ある特定のケースにおいて、自分だったらどのように判断し、行動に移すのかを、さまざまな問いに回答する形で擬似体験していきます。そして、その体験を振り返ることを通じて、自らのリーダーシップを開発していく取組です。

以下、少々長いですが「ケース」と「問い」の例を紹介します。

**[ケース]（例）**

斎藤かつお（仮名）は、西が丘中学校（通称：西中）に赴任して5年目、30代後半の数学科教員であり、いわゆるミドルという立ち位置にある。西中は3校目に赴任した学校である。西中の地域には、中倉市のなかでも古くからの商店街があり、長く住んでいる住民が多い、いわゆる〝下町〟的な雰囲気がある。斎藤は、2年5組の担任を務めるとともに、2学年の副主任でもある。

西中は、今年で創立92年をむかえる歴史ある学校である（各学年5クラス）。以前は「荒れている中学校」として知られていたが、7年ほど前から落ち着きはじめ、現在も一部には多少〝ヤンチャ〟な生徒がいるものの、他校と何か問題起こすことはなく、ここ3年ほどは校内での大きな暴力的な事案なども生じていない。

多くの生徒たちは人懐こいが、学力的には中倉市のなかでも低いレベルにあり、課題を抱えている。学習障害など、特別な支援を要する子も多く、より手厚い学習支援が必要だと斎藤は感じている。私学への進学を希望する生徒はそれほど多くなく、高校に進学しない生徒もごく少数ながらいる。

こうした状態に対して、西中の職員の思いは2つに分かれている。

まず、学力そのものについてはそれほど問題視せず、生徒指導上の落ち着きを重視している一群だ。

かつての〝荒れ〟を経験している教員たちが中心で、「私たちは西中を〝荒れ〟から救った」という自負心をもっている。校内の見回りや地域の巡回などに力を入れており、学区で何かが起きたときも、真っ先に現地に向かうのは彼らである。西中に何か大きな変化を加えようとすると「今の状態が奇跡なんだよ。これまでの流れを変えないほうがいい」という話になる。

次は、授業や学習支援にもっと力を入れるべきだと考えている一群だ。

授業中に教室から飛び出す子はほとんどいないものの、学習規律ばかりを重視し、ただひたすら教員の話をきいて黒板を写すだけの授業で、居眠りしている子どもも少なくない。ここ2年は、偶然ながら産休や介護休暇に入る教員が多く、臨時的任用教員、非常勤講師が担う授業も増えている。

学力や学習面に問題意識をもっているのは、比較的最近西中に赴任して来た教員たちで、皆で授業改善に取り組んだり、少人数指導を行ったり、補修を行うなど、なんらかのテコ入れが必要だと考えている。このような問題意識から、昨年度には数学と英語での少人数指導を提案したものの、前者の群に位置する教員からの強い反対があり、実現できずじまいだった。

そのような中、6月に入ったある日、斎藤は同じ学年の佐久間から相談を受けた。

佐久間は理科を担当している2年目の教員である。もともと電機メーカーに勤めていたが、2年で退職し、通信教育を経て教員免許を取得し教員になったという経歴の持ち主。30歳手前の若手であり、ICT活用に長けており、新たなチャレンジにも前向きである。

ただ、初任として西中に着任した昨年度は、担任した学級の状況は芳しくなかった。学級崩壊とまでは言えないものの、一部の生徒が佐久間に対して強い不満を抱いていた。こうしたことから、今年度に担任している2年3組の子どもたちとは昼休みに一緒に遊ぶなどして、なんとかよい関係をつくりたいと考えているようだった。

さて、佐久間からの相談とは、理科の授業に関するものであった。佐久間は、今年度から理科の実践として子どもたちとメダカを育てている。小学校でよく行われる取組だが、みんなで一緒に育てるなかで何かを学んでほしいと試しにやってみたところ、そのねらいが的中し、一部の生徒が熱中して取り組むようになったという。

当初は少数のメダカをプラケースで飼っていたものの、たくさんの卵がかえって数がふえたことで、水草なども厳選するようになり、より本格的に飼育するようになった。さらに、メダカの飼育を通じて水生生物をとりまく環境に興味が広がり、生徒からビオトープを作りたいという要望まであがった。

西中には誰にも管理されることなく荒地と化した池があり、ここ数年は干上がっていた。この池を活用してビオトープを作りたいと思ったが、その予算がない。そんなことを吐露したところ、一部の生徒たちが「クラウド・ファンディングをしたらいいんじゃないか」と提案してきたというのだ。

佐久間は言う。

「なんとか、実現してあげたいんですよね。今回、こんなにすごい関心をもって、やる気になってて、理科を大好きになりかけてるんですよね。やりたいと思うこと、やらせてあげたいんです」

斎藤が聞くと、発案してきたのは、担任している2年3組の生徒たちだという。

「で、私に相談したいことってなんなの？」とたずねると、佐久間は言った。「多分、やりたいと思っても、自分だけでできることじゃないんだと思うんですよね。昔からこの学校にいる先生たちは、そういう変わったことするの嫌がるでしょうし…、どうしたらいいのかなと思って相談しました」

佐久間の提案を聞いた斎藤は、〝面白そうだな〟と感じ、内心ワクワクしていた。しかし、佐久間の懸念もよくわかる。幸い、第2学年の学年主任・中西（50代、女性、国語科）は、生徒の主体性を大切にしたいという思いをもっている。

それに対して、3年生の担任は古参の教員が多く、佐久間の懸念するような話がでるだろう。1年生の学年団は、昨年の3年時から多くの教員が入れ替わって今年着任した者が多いものの、こうした話題にどのような考えをもっているのか不透明であった。

最も懸念しているのは、校長の三島の反応である。あまり自分から意見を述べるほうではなく、教員たちの顔色を見ながら判断する場面が多い。他方、副校長の関根とは、実は前任校でも一緒に働いていた仲で個人的にも関係性がある。

**[問]** 斎藤の立場になり切って考えてみてください（内容についていろいろな考え方はあると思いますが、〝後押ししたい〟という斎藤の立場に立って、考えてみてください）。

①佐久間にはどのようなアドバイスをしますか？

②また、この案件を進めていくために、自分は組織内でどのような動きをしようと思いますか？

できるだけ具体的に考えてみてください。

ケースメソッドでは、右に挙げた「問い」に対してまず個人で考えをまとめます。その後、グループで集約して全体で共有します。その過程でフィードバックを受けながら自分自身が最初に行った判断や行動（問いに対する考え）について、本当にそれでよかったのかなどと吟味します。

なお、ケースメソッドには絶対無二の正解はありません。同じお題でも、参加するメンバーによって、望ましいとされる判断や行動は異なります。その望ましいものと、当初の自分との考えの違いや、フィードバックし合うプロセスからの気づきこそ重要です。

そうした気づきを得るために、問いについての吟味の後に、やりとり全体について振り返り、内省を行います。自分自身のリーダーシップ・スタイル（自分の強み）に気付いたり、より効果的にリーダーシップを発揮するにはどうすればよいかについて考えたりして、自分の「よりよいあり方」を模索していきます。このような擬似体験とフィードバック、そして振り返りを積み重ねることで、組織内での動き方や組織の動かし方などを学んでいくことが期待されます。

＊

こうしたリーダーシップ開発は、日本教育経営学会（2014）などで行われているものの、その機会が多いわけではありません。繰り返しになりますが、今後、学習者主体の学びに重点を置き、その質を保証していくためには、組織の一員として物事を円滑に進められる教員の力量形成は欠かせないものであり、そのための機会が今後よりいっそう必要となるでしょう。

## そもそも論としての学習観の転換
### ―教員自身が「学習者主体の学び」を体験する

本章において最後に挙げたいのが、「教員自身の学習観の転換」です。いくら人材開発にリソースを注いでいても、教員が旧態依然とした学習観にとらわれたままであれば、学習者主体の学びから遠ざかってしまう可能性さえあるからです。

問題は、いかにすれば教員が自らの学習観を転換できるのかという点にあります。これは古くて新しい問題とも言うべきもので、古くは新学力観の提唱、近年でも主体的・対話的で深い学びなど、文教政策や研究者などによってさまざまな提起がなされてきましたが、教育現場において劇的な変化にまでは及んでいません。その背景には、教員が小中高時代に経験したかつての教育（教員による一斉指導や受け身的な学習活動、知識暗記によるテスト対応など）へのイメージから離れられずにいることが考えられます。

立場上、さまざまな学校の授業を参観していると、グループワークなどを取り入れたり、ICTを活用したりするなどして子どもの活動を充実しようとしているものの、学習観の転換が図られていないために、子どもたちの学びを受け身にしてしまう光景を目にします。

「どうすれば、教師が自らの学習観を転換できるか」これは本当に難しい課題です。本書においても「これを行えば必ず」などと示せるものはありません。ただ、ヒントになることはあります。それは、「教員自身が学習者主体の学びを体験すること」です。教員自身がそうした新しい学びを体験していないことで、これからの学びについてリアルなイメージをもてていないのが現状ではないでしょうか。

多くの教員は、自身の小・中・高等学校時代に一斉指導型の授業を受け、大学の教職課程においても一部ではアクティブ・ラーニング型の授業などを受けたとしても、ほとんどは受け身の授業を経験してきています。

教員になったあとの現職教育においては、行政研修はもちろんのこと、校内研究などでの学びにおいても同様のことが言えそうです。例えば、研究テーマや教科、手法が硬

**資料８　鈴木実践の基本となる考え方**（鈴木2021）

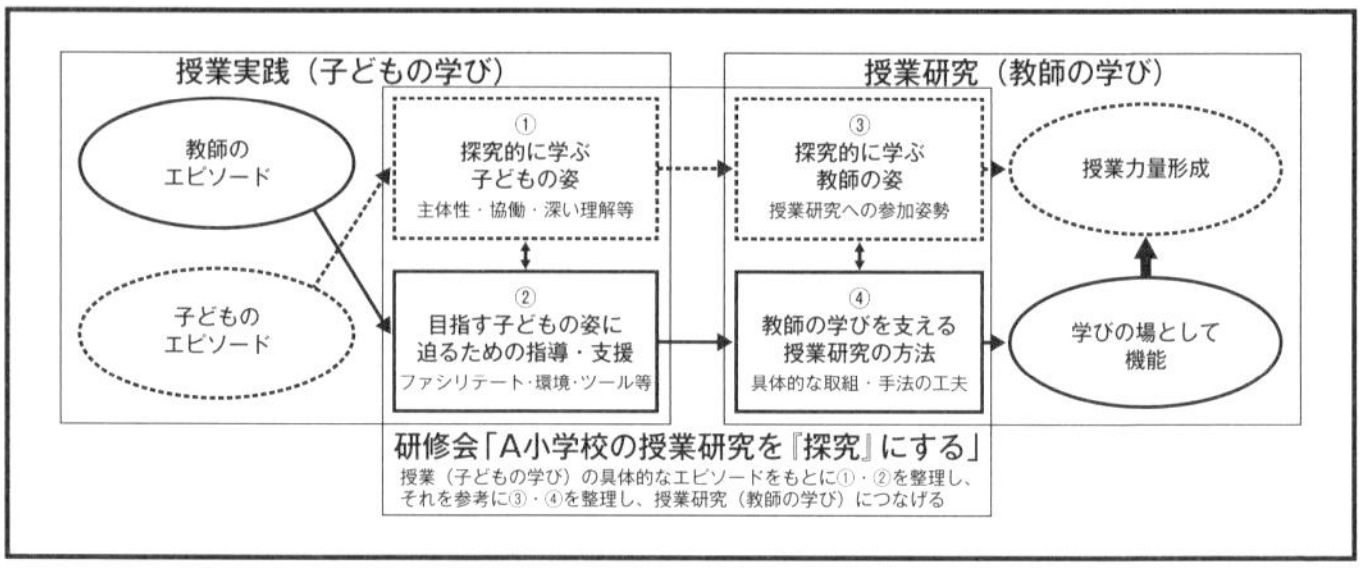


直化してしまうと、「『やらなければならないから』『そうしなさいと言われたから』『そのとおりにやる』といった状況から抜け出せなくなります。それでは、たとえ「子どもたちの主体的な学び」と研究テーマに設定したとしても、校内研究自体は「教員たちの受動的な学び」になってしまうでしょう。

対話的な学び一つとっても、「あぁ、こういう感じで行うことが対話的な学びなんだな」という実感を伴うイメージをもてなければ、授業で対話的な学習活動を展開できないはずです。

こうした状況がある一方で、学習者主体の学びに近い形で校内研究にチャレンジしている事例も見られます。

例えば、鈴木（２０２１）は、〝教員の学びを「探究」にする〟ことを目指す実践を紹介しています。「探究的に学ぶ子どもの姿」と「そこに迫る指導・支援を行う教員の姿」との関係を相似形と位置付け、子どもの姿を参考にしながら、授業研究のあり方を見つめ直すという実践です（**資料８**）。

**資料９**の様式で進め、実際に自分たちの手で校内研究を改善

## 資料9　研修のプログラム（鈴木 2021）

| 日 | | 内　容（O：オープニング　M：メインアクティビティ　C：クロージング） | 時間 |
|---|---|---|---|
| 1日目 | O | (1) 研修の目的・意図についてのレクチャー | 20分 |
| | M | (2) 活動① 目指す子ども像について | |
| | | i 低学年・中学年・高学年の部会ごとに、簡単に役割分担を行う | 5分 |
| | | ii 個人で付箋を書く | 10分 |
| | | iii 話をしながら書いたものを出し合い、まとめたり、つないだりする | 30分 |
| | | iv まとまりにラベリングをしたり、具体的なエピソードで解釈を書き入れたりする | 30分 |
| | | v 全体共有：各グループ5分で報告 | 15分 |
| | M | (3) 活動② 目指す子ども像に迫るための『指導者』としての教師について | |
| | | i ①の成果物を見て、関連付けながら、各自付箋を書く | 10分 |
| | | ii ①の成果物に関連付けながら付箋を貼っていく | 30分 |
| | | iii 全体共有：各グループ5分で報告 | 15分 |
| | C | (4) 1日目のまとめとリフレクション | 30分 |
| 2日目 | O | (5) 2日目の流れの説明 | 10分 |
| | O | (6) 2日目の内容理解のためのアクティビティ | 30分 |
| | M | (7) 活動③ 目指す『学習者』としての教師像について | |
| | | i 1日目①の成果物を参考に目指す学習者としての教師像について各自付箋を書く | 10分 |
| | | ii ワークシートに貼りながら、共有する | 30分 |
| | | iii 全体共有：各グループ5分で報告 | 15分 |
| | M | (8) 活動④ 教師の学びの場としての授業研究会の取組と工夫について | |
| | | i ③の成果物を見ながら、継続して重視べきこと、改善点等を各自付箋に書く | 10分 |
| | | ii ③の成果物に関連付けながら貼っていく | 20分 |
| | | iii 生活科の視点からさらに付け加えられることはないか、話し合いながら付け足す | 15分 |
| | | iv 全体共有：各グループ5分で報告 | 15分 |
| | C | (9) 2日目のまとめとリフレクション | 30分 |

していくというプログラムを採用しています。これは、教員が自らの学びのコントローラーを改めて自覚する試みであると言えるでしょう。

鈴木はこの実践のポイントの一つに「『学ぶ楽しさ』を実感すること」を挙げています。参加した教員のコメントにも「話し合いを行い、情報から取捨選択する楽しさを感じた」といった声があがるなど、学習者主体の学びを教員自身が実感的に体験することが、学習観を転換するきっかけになると考えられます。

また、次の事例もあります。

ベネッセ教育総合研究所（2022）がまとめたレポートによると、横浜市内のある小学校では、研究のテーマについては校内共通の「特別支援教育」を掲げつつも、研究教科や研究の進め方については教員個々に託したところ、「挑戦しがいのある研究になり、先生方の得意なことが発揮され、大きな手応えを得ました」との感想が寄せられたと言います。これは、教員自身の個別最適な学びだと言えるのではないでしょうか。

また、吉田、岩瀬（２０１９）は、教員自らが変わっていける校内研究とするには、大きなビジョンが掲げられ、一人一人の教員がビジョンの実現に向けてそれぞれ自由なアプローチで実践を行えるようにすることが必要だと言います。これこそがまさに教員自身が学習者主体の学びを経験し、主体的に学んでいく形にほかならず、「やらされ感のある研修」から「自分に必要なことを行う研修」への転換を促すとしています。

もちろん「それぞれ自由に」とさえすればよいわけではないでしょう。学び成長する意義をそれぞれが感じていたり、その先に実現したい「子どもの学び」や、自らの「ありたい姿」があるからこそ、個別最適な学びが機能するのだと考えます。そして、そうした思いを互いにもっている集団だからこそ、手法やテーマは違っても協働的な学びも機能し得るのではないでしょうか。

このような実践が増えてくれれば、教育現場の機運として学習観の転換への意識が高まっていくでしょうし、人材開発、組織開発、リーダーシップ開発の面からも「学びの質保証」がよりいっそう現実味を帯びてくることでしょう。

（町支大祐）

## 〈引用・参考文献〉

・石井英真、原田三朗、黒田真由美（２０１７）『Round Study 教員の学びをアクティブにする授業研究―授業力を磨く！アクティブ・ラーニング研修法』東洋館出版社
・大脇康弘（２０１１）「ケースメソッドによるスクールリーダー養成」、『月刊高校教育』２０１１年４月号
・木原俊行、島田希、寺嶋浩介（２０１５）「学校における実践研究の発展要因の構造に関するモデルの開発―『専門的な学習共同体』の発展に関する知見を参照して」、『日本教育工学会論文誌』39(3)、１６７～１７９頁
・小松陽子、町支大祐（２０２２）「学年組織における継続的なポジティブ組織開発の試みと評価」、『日本教育工学会研究会研究報告集』２０２２年４月、２０８～２１５頁
・北居明、多湖雅博（２０１８）「Appreciative Inquiryの展開と可能性」『甲南経営研究』58、71～１０２頁
・佐古秀一、住田隆之（２０１４）「学校組織開発理論にもとづく教育活動の組織的改善に関する実践研究」、『鳴門教育大学学校教育研究紀要』28、１４５～１５４頁
・佐藤郁哉（２００８）『質的データ分析法―原理・方法・実践』新曜社
・佐藤学（１９９０）「現職教育の様式を見直す」、柴田義松、杉山明男、水越敏行、吉本均編『教育実践の研究』図書文化社
・新坊昌弘、町支大祐、中堂寿美代、脇本健弘（２０２１）「これからの授業研究―事前検討重視型授業研究」、『教員が学びあう学校づくり―「若手教員の育て方」実践事例集―』第一法規
・鈴木紀知（２０２１）「これからの学びをデザインする―教員の学びを『探究』にする」、『教員が学びあう学校づくり―「若手教員の育て方」実践事例集―』第一法規

・千々布敏弥（２００５）『日本の教員再生戦略』教育出版
・中央教育審議会答申（１９９８）「今後の地方教育行政の在り方について」
https://www.mext.go.jp/b_menu/shingi/chuuou/toushin/980901.htm（２０２３年7月16日、最終閲覧）
・町支大祐、脇本健弘（２０２０）「校内研究の効果とその要因に関する検討－効果のレベルによる要因の差異に着目して－」、『教育デザイン研究』11、１８０～１８７頁
・中原淳（２０１４）「『職場における学習』の探究」
・中原淳、中村和彦（２０１８）『組織開発の探究：理論に学び、実践に活かす』ダイヤモンド社
・中村和彦（２０１５）『入門 組織開発』光文社
・日本教育経営学会（編）（２０１４）『次世代スクールリーダーのためのケースメソッド入門』花書院
・R・ブッシュ・J、マーシャク著、中村和彦訳（２０１８）『対話型組織開発―その理論的系譜と実践』英治出版
・ベネッセ教育総合研究所（２０２２）「教育フォーカス」【特集32】帝京大学町支研究室、横浜市教育委員会、ベネッセ教育総合研究所
・共同研究「『働き方の改善』と『学びの充実』を両立できる学校づくりを目指して」第3回：両立を実現するためのポイントを学校に聞いてみました（横浜市立瀬谷さくら小学校の実践例）
https://berd.benesse.jp/feature/focus/32/report01/page_3.html（２０２３年7月16日、最終閲覧）
・Hall, D.（1984）Human resource development and organizational effectiveness.、C.Fombrun、N. M. Tichy, & M. A. Devanna (Eds.)、Strategic human resource management (pp. 159-181): John Wiley and Sons
・堀尾志保、舘野泰一（２０２０）『これからのリーダーシップ 基本・最新理論から実践事例まで』日本能率協

会マネジメントセンター
・山田寛邦（２０１４）「学校のポジティブな組織開発が教職員に与える影響の過程の探求」、『日本教育工学会論文誌』37⑷、４３５～４４７頁
・吉田新一郎、岩瀬直樹（２０１９）『シンプルな方法で学校は変わる』みくに出版
・Lombardo, M.M&Eichinger、R.W（1996）Career Architect Development Planner：Lominger Limited
・脇本健弘、町支大祐（２０１５）『教員の学びを科学する』北大路書房
・脇本健弘、中堂寿美代、新坊昌弘、町支大祐、麥田葉子（２０１８）「学び続ける学校組織への変革を目的とした事前検討会重視型授業研究におけるカフェ研の評価」『日本教育工学会研究会研究報告集』75～82頁

第4章

# 学びの質保証を支えるカリキュラム・マネジメント

# カリキュラム・マネジメントは教師の創造的な営み

## 1　資質・能力の育成と一体化したカリキュラム・マネジメント

わが国の学習指導要領が、資質・能力の育成型に大きく舵を切ったのは、２０１７年です。各学校では、「何年生で」「何を」「何時間かけて」指導するかという視点だけではなく、「育成を目指す３つの資質・能力をどのように育てるか」という視点での教育課程編成が期待されるようになりました。

しかし、教育課程は、その学校の教育活動の計画書です。この計画書を基に、実際の教育活動に展開していくのが「授業」ということになります。つまり、授業とは「教育課程の実施」を指すわけです。

授業には、子どもと教師のほか、教材や教具（タブレット等のツール）等が存在しています。これらの関係のなかで、一人一人の資質・能力を育成していくためには、教師が一方的に指導内容を伝達するのではなく、子どもたちが課題をもって主体的に学ぶ授業に変換していくことが必要です。それが授業改善の視点として示された「主体的・対話的で深い学び」です。

そのため、教師は、自己の指導観を見つめ直し、資質・能力を育む指導方法等を検討し、展開していくことが求められました。そのプロセスで、学習活動の在り方や学習空間の使い方等も校内研究などで盛んに研究されるようになりました。

このように資質・能力育成を目指すことを理念とした学習指導要領において、「主体的・対話的で深い学び」と同時に、もうひとつ提案されたものがあります。それがカリキュラム・マネジメントです。

その背景には、これからの時代に求められる資質・能力を育むために、各教科等の学習とともに、教科等横断的な視点に立った学習が重要であり、教科等間のつながりをとらえた学習を進める必要がある（中教審２０１６、24頁）という考え方があります。

そもそも「教科」とは、学校で教授される知識・技術などを内容の特質に応じて分類し、系統立てて組織化したもの（柴田義松２００３）ですが、今日においては、それぞれの教科指導を充実させるだけでなく、子どもたちの「知の総合化」を意図した教科等横断的な視点での学びの必要性が強調されています。

しかし、こうした議論は今にはじまったわけではなく、小学校低学年の生活科、そして総合的な学習の時間の創設にあたっても、今日に近い議論がありました。また、生活科が創設される前の１９７７（昭和52）年の改訂学習指導要領では、小学校低学年における合科的な指導が強調されました。

生活科創設時に中心的役割を担った中野重人（1992）は、その背景として学校教育における教科分立、教科孤立主義体制を指摘し、「教科はあくまで、教育のための形式的な分類に過ぎないのであるから、その枠内だけでことを処することになれば、現実の社会生活の中で具体的に生きて働く力をつけることは容易ではない」と述べています。分化された教科の学習にとどまらず、総合された学びへの指向は30年以上続いているのです。

また、このように教科の壁を越えた学びを重視する傾向は日本だけにとどまりません。たとえば、フィンランドのナショナル・コア・カリキュラム（2014）では、教科等横断型で、生活のなかにある事象をテーマにした学習を取り入れようとしています。この学習は、一般的に「フェノメノン・ベースドの学習（Phenomenon Based Learning）」と称して紹介されています。

私たちが2020年3月に訪問したフィンランドのサロ高等学校では、教科の学習は大切にしつつも、さらに1年間に3回以上の協働的な授業実践を実施しています。この教科等横断的な学習のテーマは、学校として3つを設定し、教師たちがそれに参画し、企画を練り上げていきます。

あらかじめ決められたリーダーは存在せず、それぞれの専門領域や経験、強みを活かしながらプランを具体化させていくなかで、中心となる教師が決まってくるそうです。サロ高等学校では、２０１４年のナショナル・コア・カリキュラム改訂以前より、このような学習に取り組んでいますが、そこには、**「世界はサブジェクトに分けられない」**という教育信念があることを校長先生からうかがいました。

複雑で変化の激しい社会のなかで、学校教育には、これからの時代を生きる子どもたちに「何を理解しているか　何ができるか（知識及び技能）」とともに、「理解していること・できることをどう使うか（思考力、判断力、表現力等）」、さらに「どのように社会・世界と関わり、よりよい人生を送るか（学びに向かう力、人間性等）」という資質・能力を育成していくことが期待されています。

子どもたち一人一人が主体的に学びに参加し、こうした資質・能力を身に付けていくためには、教師が、教育課程を基礎としたマネジメント・マインドをもつことが大切であると考えます。

## 2　カリキュラム・マネジメントは、アクティブ・ラーニング（主体的・対話的で深い学び）の視点からの授業改善を後押しする！―3つの調査研究から

ここで、カリキュラム・マネジメントと学びの質保証を考えるうえで、３つの調査結

果を参照してみます。

ひとつは、全国の高校（回答学校数２４１４校、回収率62％）を対象に、アクティブ・ラーニングの視点に立った参加型学習の実態を調査した山辺恵理子ら（２０１７）の研究です。

山辺らは「学校教育目標の意識」などのカリキュラム・マネジメントに関する項目と、アクティブ・ラーニングの視点に立った参加型授業の効果認識に関する項目との関係について分析し、そのなかで「教育課程を評価・改善する取組」が、参加型授業の「主体性」や「市民性」に関する効果認識に寄与していることを明らかにしています。つまり、カリキュラム・マネジメントの一側面が、アクティブ・ラーニングの視点に立った実践の効果認識につながっていることを示しています。

２つめは、中田・町支（２０１９）が、２０１７年11月に実施した調査です。東京都公立小学校教員から得られた回答データ２０４校、３６０４名（中学校教員を含めると全体は２４９校・４３９１名）を用いて、小学校におけるカリキュラム・マネジメントに関する分析を行いました。詳細な因子分析を行ったうえで、カリキュラム・マネジメントが、アクティブ・ラーニングの視点からの授業改善にとって有益であることを示しています。

さらにこの調査では、データを「荒れの度合い」「学力的な困難の度合い」の２軸を用い、それぞれを高群・低群で分けて４群に分割し、カリキュラム・マネジメントと学校の状況との関係を分析しています。その結果、学校の状況によって効果的なカリキュラム・マネジメントが異なっているということを明らかにしています。つまり、カリキュラム・マネジメントは、定型的な取組として行うのではなく、それぞれの学校の実態を踏まえて実施していくべきであるということを、理念レベルではなく、実証的に明らかにしました。

３つめは、町支・中田・坂田・荒巻（２０２０）が、東京都目黒区教育委員会との連携・協力の下、２０１９年９月に、区内小学校22校、中学校９校の教員を対象に行ったものです（回答数５８５名、回答率83・４％）。

調査の結果、およそ7割の教員が、カリキュラム・マネジメントへの期待を肯定的に受け止め、それが、授業改善につながり、児童・生徒の学力向上のみならず、これからの社会で必要とされる能力の獲得につながるとの期待を示しています。

一方で、この調査では、カリキュラム・マネジメントを進めていくための時間や予算などの条件整備が十分でないこと、資料や書籍、研修の不足などによって、カリキュラム・マネジメントについての知識や方法の共有が十分行われていないという状況があることも指摘しています。

これら3つの調査からは、カリキュラム・マネジメントは、アクティブ・ラーニング（主体的・対話的で深い学び）の視点からの授業改善を後押しすること、教員は、カリキュラム・マネジメントに対して、これからの学校教育において重要だと認識している割合が高いことなどが明らかになっています。

## 3 教育課程の編成から実施の過程で起きがちな問題

授業改善の視点として示された「主体的・対話的で深い学び」は、授業場面において、子どもたちの学び方や教師の指導方法に表れますが、カリキュラム・マネジメントは、いわばそうした授業を下支えする活動であるため、教師の指導方法や環境整備の意味、背景等にあるものを考えないととらえにくいものであると言えます。しかし、それは、実際の授業場面を構想する教師の創造的な営みにほかなりません。

一方で、カリキュラム・マネジメントは、どうしてもその言葉の印象から、校長や副校長などの管理職、さらには教務主任が中心となって行うものと思われがちです。その発想には、教育課程の編成や評価は管理職が行い、教師は授業を行うという、教育課程の経営と授業とが分離された考え方が潜んでいるように感じます。

確かに、教科書を基に毎日行う授業は、「学校の教育目標等を常に念頭に置いて」というわけにはいかないのかもしれません。しかし、編成した教育課程は、授業を通じて実施され、子どもたちに資質・能力の育成を目指すわけですから、本来ここには密接な関係があるはずです。

もうひとつわかりにくいのは、ここでいう「教育課程」とはそもそも何を指しているかということです。

「学習指導要領解説　総則編」（文部科学省、２０１７）には、次のような説明があります。

学校において編成する教育課程については、学校教育の目的や目標を達成するために、教育の内容を児童（生徒）の心身の発達に応じ、授業時数との関連において総合的に組織した各学校の教育計画であると言うことができ、その際、学校の教育目標の設定、指導内容の組織及び授業時数の配当が教育課程の編成の基本的な要素になってくる。

この説明やＷｅｂ上で公開されているいくつかの地区の学校管理運営規則等を参照すると、学校の教育課程は、次のような項目がその構成要素となっていることがうかがえます。

①学校の教育目標や重点
②指導の方針
③指導計画
④授業日数、授業時数の配当

学校では、①の教育目標の実現に向けて②の方針や重点が策定され、③の指導計画、④の授業日数、授業時数の配当へとつながります。このように編成された教育課程は、授業を通じて展開され、その評価結果に基づいて、①や②、さらには③や④が改善されていくというPDCAの関係ができあがるわけです。

年度の後半になると、日ごろの子どもたちの学習や生活の様子を、学校評価の結果や学力調査等の結果を基に検討し、育成を目指す児童・生徒像として新たに①が設定されていくことはよくあります。それが②の重点や方針になり、③の指導計画等に結び付いていきます。

しかし、③や④に基づいて授業を行っても、それが①の教育目標と結び付いているか、指導者の意識のなかに学校が目指している目標があるかというと必ずしもそうではないように思われます。こうしたことは日本に限らず、たとえばアメリカのカリキュラム研究者であるウィギンズやマクタイもその著書のなかで指摘しています。つまり教育目標と授業実態の乖離です。

もう一つは、編成した教育課程（P）の実施（D）が、その後の評価（C）や改善（A）につながらず、PとDの繰り返しになってしまうことです。たとえば、教科等横断的な総合的な学習の単元開発に取り組み、教師協働で実践を進めても、評価や改善に取り組まないと、次の単元開発や次年度の教育課程の改善につながっていきません。

本来、**教育目標や方針・重点、指導計画の作成、そして実践、評価というサイクルは、子どもたちの学びの質保証を目指していくうえで重要な方略になる**はずです。そこにカリキュラム・マネジメントの意義があると思います。

## カリキュラム・マネジメントを推進する要因

２０１７年の学習指導要領では、カリキュラム・マネジメントの目的を**「教育課程に基づき組織的かつ計画的に各学校の教育活動の質の向上を図っていくこと」**と定義し、カリキュラム・マネジメントの３つの側面を示しました。

①児童（生徒）や学校、地域の実態を適切に把握し、教育の目的や目標の実現に必要な教育の内容等を教科等横断的な視点で組み立てていくこと
②教育課程の実施状況を評価してその改善を図っていくこと
③教育課程の実施に必要な人的又は物的な体制を確保するとともにその改善を図っていくこと

これらを要約すると、カリキュラム・マネジメントとは、次のようにとらえることができます。

①教科等横断的な視点からの教育内容の編成
②評価・改善
③人的・物的資源の確保・改善

この3つの側面については、従前より、1年間の教育活動を見通した学校経営的な側面からの取組として行われていましたが、カリキュラム・マネジメントが学習指導要領等で提案されてからは、1単元のレベルでの取組として校内研究等で取り上げられることが増えてきたように思います。

では、カリキュラム・マネジメントの取組を積極的に進めている学校には、どのような特徴や工夫が見られるのでしょう。

## 1 インタビュー調査の実施とその結果

私たちは、2020年9月から2021年7月の間に、研究指定等を受け、カリキュラム・マネジメント等の研究に継続的に取り組んでいる5つの学校（小学校4校、中学校1校）を訪問し、インタビューを行いました（1校はオフラインで実施）。インタビューは校長及びカリキュラム・マネジメント研究・実践の推進役のミドルリーダー教員（計12名）に依頼しました。

インタビューでうかがったことは次の5点です。

- カリキュラム・マネジメントに対する考え方
- カリキュラム・マネジメント導入の契機
- カリキュラム・マネジメントの推進状況
- カリキュラム・マネジメントの推進方法
- カリキュラム・マネジメントの成果と今後の課題

**資料1　カリキュラム・マネジメント実践を支える要因とその関係性**

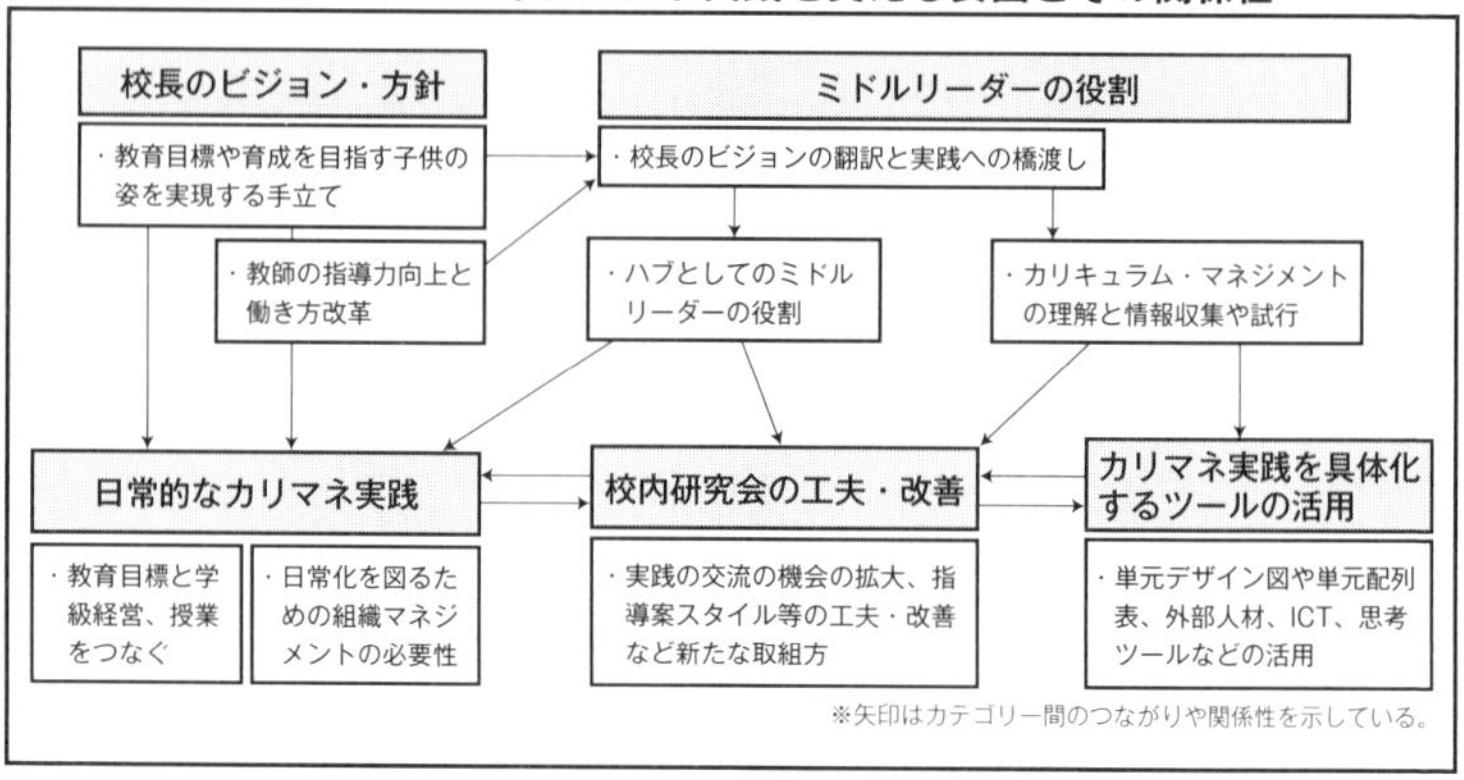
校長のビジョン・方針
・教育目標や育成を目指す子供の姿を実現する手立て
・教師の指導力向上と働き方改革
ミドルリーダーの役割
・校長のビジョンの翻訳と実践への橋渡し
・ハブとしてのミドルリーダーの役割
・カリキュラム・マネジメントの理解と情報収集や試行
日常的なカリマネ実践
・教育目標と学級経営、授業をつなぐ
・日常化を図るための組織マネジメントの必要性
校内研究会の工夫・改善
・実践の交流の機会の拡大、指導案スタイル等の工夫・改善など新たな取組方
カリマネ実践を具体化するツールの活用
・単元デザイン図や単元配列表、外部人材、ICT、思考ツールなどの活用
※矢印はカテゴリー間のつながりや関係性を示している。

また、学校の経営方針などを示したグランドデザイン図や、週時程表なども収集し、分析の参考にしました。

インタビューは調査対象者の了解を得て録音し、プロトコル化し、そのうえでKJ法に基づいて、カード化、ラベリング、カテゴリー化を行い、全体像を結果図に整理しました。その結果を視覚的に表したのが**資料1**です。

そして、分析の結果、「校長のビジョン・方針」「ミドルリーダーの役割」「校内研究会の工夫・改善」「カリマネ実践を具体化するツールの活用」「日常的なカリマネ実践」の5つのカテゴリーができました。その下の四角囲みは、小カテゴリーで、9つ生成されました。そのなかには、大カテゴリー1に対して、小カテゴリー1になったものもあります。

ここから、次のような推進要因が明らかになりました。

### (1) 校長のビジョン・方針

インタビューの語りのなかで共通していたのは、カリキュラム・マネジメント実践の取組には、校長がその意義や価値を、教育目標や経営ビジョン・方針と照らし合わせて、効果的であると認識するところからはじまっていた点です。その価値認識は、経営方針やグランドデザインに反映され、学校の取組として共通認識されていました。カリキュラム・マネジメントを一過性の教育課題だととらえるか、教育課程を通じて教育の質向上を目指す重要な取組だと考えるかによって、校内の取組はがらりと変わってくることがわかります。

### (2) ミドルリーダーの役割

学校経営のビジョン・方針は校長から教職員に提示されるのですが、ビジョンや方針は抽象度が高く、すぐには実践に結び付きにくい可能性があります。インタビューした学校もそうでした。このとき、経営ビジョンと実践をつなぐ役割を果たしていたのがミドルリーダー教員の存在です。

ミドルリーダーは、教務主任や研究主任にとどまりません。また、つなぎ役としての取組も一通りではありませんでした。たとえば、自らカリキュラム・マネジメントの実践に取り組み、その成果・課題を校内で伝えたり、自ら研究校等を訪問して情報を入手したり、同僚の取組を価値付けて広げたりするなどの取組が見られました。

### (3) 校内研究会の工夫・改善

インタビューを通じて、各学校とも、教員同士の話し合いを大切にしているという共通項が見いだされました。たとえばそれは、それぞれの実践の再点検や改善策を検討する話し合い、あるいは、カリキュラム・マネジメントについて理解しようとする取組です。授業研究だけでなく、ベストプラクティスをもち寄って議論する校内研究が盛んに行われていました。

私たちが、後日インタビューを実施した仙台市や千葉市の教育委員会でも、各学校のカリキュラム・マネジメントの担当者が、それぞれの取組をもち寄って意見交換や話し合いを行う取組を進め、効果的なカリキュラム・マネジメントの進め方等を探っていました。特に、教科等横断的な授業の構想にあたっては、定型のプランは存在せず、それぞれの学校の教育目標や地域の特色、教員の考え方を生かしたベストプラクティスの交流が行われていました。

### (4) カリマネ実践を具体化するツールの活用

インタビューにおいてたいへん興味深かったことの一つは、それぞれの学校が独自のツールを開発したり、活用したりしていることでした。もちろんカリキュラム・マネジメントを推進するためにです。

たとえば、単元デザイン図・単元配列表は、学習内容を俯瞰的にとらえ、協働的に授業づくりを行うなど、自覚的な取組を支援するものものとして受け入れられ、研究授業等を通じて効果検証と改善が行われていました。また、GIGAスクール構想と連動させ、ICTの活用とカリキュラム・マネジメントをリンクさせたり、思考ツールの活用を図ったりしている学校もありました。こうしたツールは、教員間に共通するキーワードとなり、カリキュラム・マネジメント研究・実践の具体化・実質化を図るうえでとても有効であると考えられます。

### (5) 日常的なカリマネ実践

カリキュラム・マネジメント実践を日常化につなげるためには工夫が必要でした。たとえば、校内研究会でテーマとして取り上げていなくても、教科等横断的な視点を取り入れた指導案を基本フォーマットにすることや、教育目標とのつながりを意識した学級経営案にするなどの工夫です。

それらは、新たなことに取り組むというより、日常の職務にカリキュラム・マネジメント実践につながる視点を内在させるという方法でした。これらの方策はいずれも校長の経営ビジョンと一体化していました。一方で、教員間の打ち合わせや準備を行うための時間の確保という組織運営の課題が指摘されました。

## 2　質問紙調査の結果からの裏付け

２０２０年10月に東京都目黒区教育委員会と連携して実施したカリキュラム・マネジメントに関する量的調査のデータの一部を前述の質的分析の結果に照らして再分析を実施してみました（調査対象者は小学校15校、管理職を含む２５７名）。

カリキュラム・マネジメントを促す取組として、次の４項目を独立変数に設定しました。

- カリキュラムの実施に合わせて時間割を柔軟に変更することが可能である。
- 学校教育目標や学校経営計画について、教員がその背景や趣旨をよく理解できるような働きかけが行われている。
- 他教科や他の教員との協働を促進するための仕組みや働きかけがある。
- 環境整備や教材の充実のために、教員や管理職が対話する機会が十分にある。

従属変数には、文部科学省が示すカリキュラム・マネジメントの３つの側面（中央教育審議会、２０１６）に関連した９つの質問を設定しました。回答は加算平均を行い、活性度として算出しました。

従属変数として用いた９つの項目は次のとおりです。

①学校教育目標は、学校の実態や学校を取り巻く状況を踏まえ、特色あるものとなっている。
②学校教育目標の達成を意識した、特色ある実践が行われている。
③あなたの学校の教育課程は、授業時数の配当や順番に工夫が加えられている。
④教科・領域横断的、統合的な視点を意識した、特色ある教育実践が行われている。
⑤教育課程の編成においては、教科・領域横断的な実践の実現が意識されている。
⑥教育活動を様々な視点から評価する仕組みがある。
⑦様々な評価結果を活用し、根拠に基づいて改善を行う仕組みがある。
⑧教育活動に必要な人的・物的資源について、学校内の資源を十分に活用し、効果的に組み合わせた教育活動が行われている。
⑨教育活動に必要な人的・物的資源について、学校外の資源を十分に活用し、効果的に組み合わせた教育活動が行われている。

回帰分析の結果が、次頁の**資料2**です。独立変数は、特に、教育目標や学校経営計画の背景理解を促す働きかけや、教員と管理職との対話が重要な意味をもつことが1％水準で有意でした。

インタビュー調査においても、カリキュラム・マネジメントを行ううえで、教員の理解を促す学びの場が重要であることや、教員と管理職、特にミドルリーダー教員と管理職の連携の重要性をうかがい知ることができ、こうしたことに合致する結果であると言えます。

**資料2　カリキュラム・マネジメント活性度を従属変数にした重回帰分析**

(R2=.343, N=257)

| 項目 | 標準化偏回帰係数 |
|---|---|
| ・カリキュラムの実施に合わせて時間割を柔軟に変更することが可能である | .124* |
| ・学校教育目標や学校経営計画について、教員がその背景や趣旨をよく理解できるような働きかけが行われている | .268** |
| ・他教科や他の教員との協働を促進するための仕組みや働きかけがある | .137† |
| ・環境整備や教材の充実のために、教員や管理職が対話する機会が十分にある | .208** |

**p<.01　*p<.05　†p<.1

# カリキュラム・マネジメントの評価・改善と学校評価

## 1　カリキュラム・マネジメントの評価・改善と学校評価との関係

２０１７学習指導要領では、カリキュラム・マネジメントの一つの側面として「教育課程の実施状況を評価してその改善を図っていくこと」を挙げています。つまり、計画・実践にとどまらず、その成果・課題を適切に評価し、さらに教育課程を改善していくことを意味しています。先の山辺ら（２０１７）の調査においても、教育課程の評価・改善の取組が、アクティブ・ラーニングの視点に立った実践の効果認識につながっていることを示しています。
まず、学校における評価はどのような関係になっているのでしょう。教育評価は、学力評価、授業評価、カリキュラム評価、学校評価といったように、さまざまな評価対象を設定することができます（西岡加名恵、2018）。カリキュラム・マネジメントの一側面として求めているのは、このなかでも、カリキュラム評価（教育課程の評価）になりますが、学校における評価は、それだけを取り出して行えるものではありません。

水越敏行（1982）は、教育課程評価は、授業評価を核心部に含みつつも、授業を間接的に規定してくるような諸条件に関する評価をも含むものとしています。学校評価、教育課程評価、授業評価の3つのレベルに分けた教育評価について、その関係のみを抽出して表すと**資料3**のようになります。

ところで、学校評価の制度化、さらには、全国学力・学習状況調査は、教育における質保証に関する議論・施策として、中央教育審議会答申「新しい時代の義務教育を創造する」（2005年10月）の提言に基づいて実施されるようになりました。

**資料3　教育評価の関係**

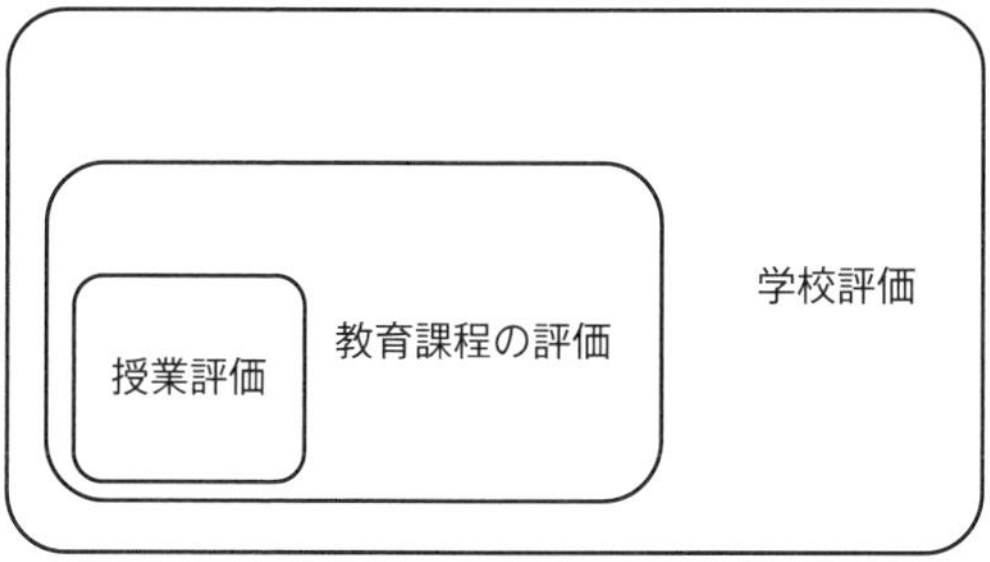


水越（1982）を参考に中田が作成

では、これまで各学校で取り組んできた学校評価と、カリキュラム・マネジメントの一つの側面として示された評価・改善はどのような関係にあるのでしょう。学習指導要領（2017）第1章「総則」の第5「学校運営上の留意事項」の1「教育課程の改善と学校評価等」において、次の記述があります。

ア　各学校においては、校長の方針の下に、校務分掌に基づき教職員が適切に役割を分担しつつ、相互に連携しながら、各学校の特色を生かしたカリキュラム・マネジメントを行うよう努めるものとする。また、各学校が行う学校評価については、教育課程の編成、実施、改善が教育活動や学校運営の中核となることを踏まえ、カリキュラム・マネジメントと関連付けながら実施するよう留意するものとする。

カリキュラム・マネジメントは、学校教育に関わるさまざまな取組を、教育課程を中心に据えて組織的かつ計画的に実施し、教育活動の質の向上につなげていくものとされています。それに対し、各学校が行う学校評価は、学校教育法第42条において「小学校は、文部科学大臣の定めるところにより当該小学校の教育活動その他の学校運営の状況について評価を行い、その結果に基づき学校運営の改善を図るため必要な措置を講ずることにより、その教育水準の向上に努めなければならない」と規定されています（中学校等にも準用）。

しかし、教育課程の編成・実施・改善は、教育活動や学校運営の中核となることから、教育課程を中心として教育活動の質の向上を図るカリキュラム・マネジメントは、学校評価と関連付けて実施することが重要であるという解釈です。シンプルに考えれば、新たなことをはじめるのではなく、これまでの学校評価の取組を教育課程改善により意図的に活用していくということにほかならないと思います。

文部科学省が作成した「学校評価ガイドライン（平成28年改訂）」（２０１６）では、具体的にどのような評価項目・指標等を設定するかは各学校が判断すべきこととしつつも、その設定について検討する際の視点例を12分野にわたって示しています。

①教育課程・学習指導、②キャリア教育（進路指導）、③生徒指導、④保健管理、⑤安全管理、⑥特別支援教育、⑦組織運営、⑧研修（資質向上の取組）、⑨教育目標・学校評価、⑩情報提供、⑪保護者、地域住民等との連携、⑫環境整備

学校評価をカリキュラム・マネジメントと関連付けて実施するという立場からは、「①

教育課程・学習指導」の項目がとても重要になりますが、教育課程を効果的に実施するための人的または物的な体制確保の状況なども重要となってくるでしょう。そこが、学校評価との〝関連付け〟になります。

## 2 カリキュラム・マネジメントの評価・改善の取組の軸を通す

では、教育課程改善を意図し、学校評価を計画的に進めていくにはどうしたらいいのでしょう。ここでは、2022年1月にインタビューに協力してもらった東京都新宿区立四谷小学校の取組を参考に、カリキュラム・マネジメントと関連付けた学校評価の進め方を取り上げてみます。

まず一連の評価・改善の取組を、**資料4**に表してみました。この資料には3つのPDCAサイクルがあります。

1つ目は、教育課程実施の担い手である教員自身の日常的な授業評価です。このサイクルのPとDは指導計画と授業実践になります。実践しながら評価し、評価しながら実践し、改善点は次の単元に生かすとともに、評価結果を蓄積し、2つ目のサイクルの評価に生かしていきます。

2つ目は、半期に1度実施している児童・保護者によるアンケート評価と教員による

**資料4　学校評価と関連付けた教育課程の評価・改善の取組**

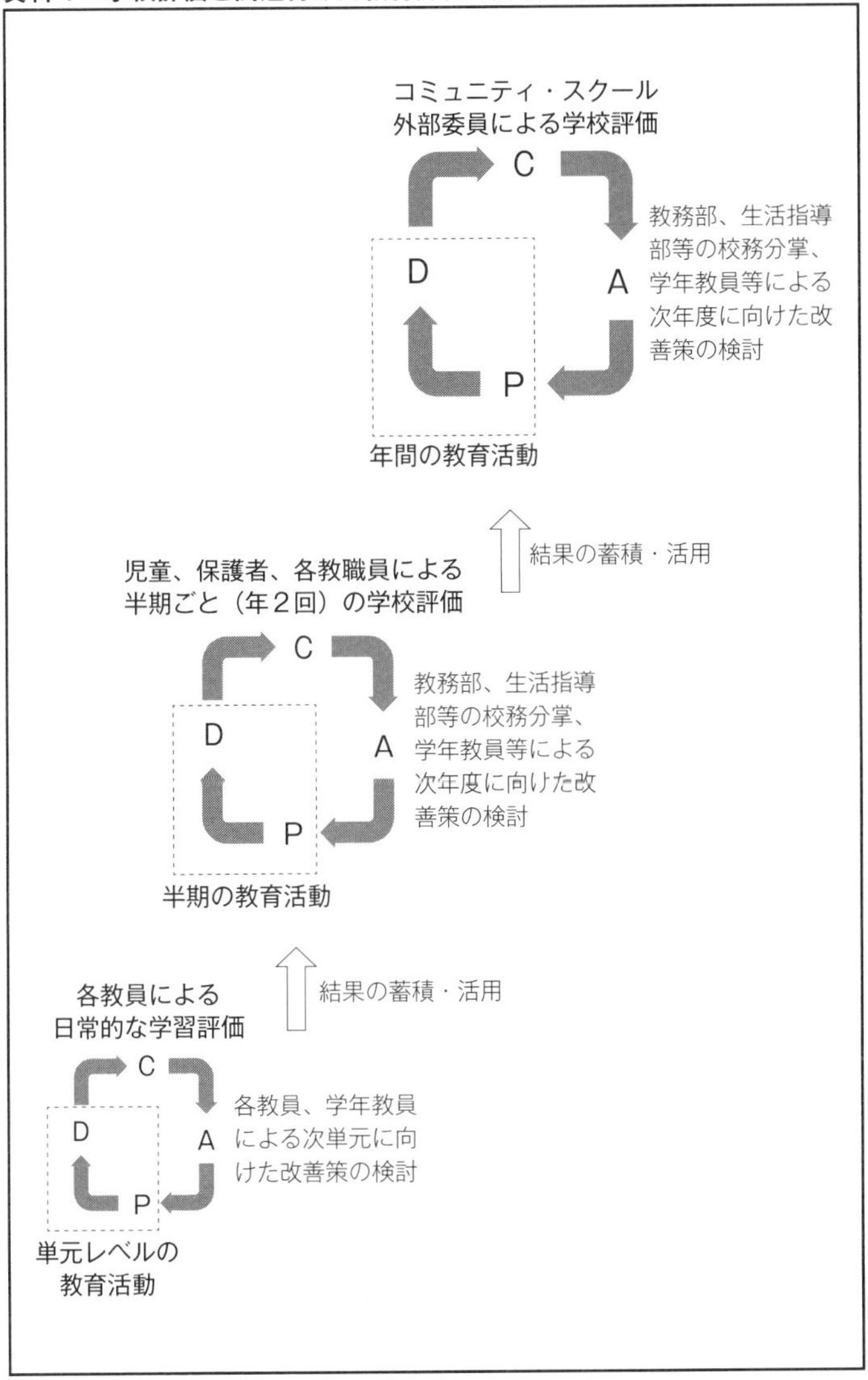

自己評価です。ここでのPとDは、半期間の計画や実践の状況です。児童や保護者にアンケートで評価してもらうので、何を評価項目にするかがとても重要になります。学習指導に関することだけでなく、健康安全に関すること、教育環境に関すること、保護者や地域住民等との連携に関することなど、授業を下支えする諸要因についての評価も行われます。

データ処理された評価結果は、副校長と教務主任が整理し、分掌組織（教務部や生活指導部、研究部、教科等部会、学年会等）にわたり、改善策が検討されていきます。年2回実施するため、後期の学習指導に反映したり、次年度の教育課程編成に生かしたりしていきます。

3つ目は、コミュニティ・スクールや外部委員による評価です。ここでのPとDは学校の1年の教育活動全体の計画とその実施状況を指しています。集まってくる資料は、1つ目のサイクル、2つ目のサイクルの評価結果（2回の学校評価）になります。

以下、もう少し具体的に見てみたいと思います。

## 3　教育目標と学級経営をつなぎ、単元レベルでの振り返りを重視する

学校の教育目標を実現するために、「学級経営案」（本校では、学級経営案を「学力向上マイプラン」と称し、各教員が年度初めに作成する）に、どのように授業を通じて具現化するかを各

教員が計画を立てます。

校長は、年間3回実施している教員との自己申告に伴う個別面談の機会にそれを活用して、「教育目標―学級経営―授業」のつながりとその実施状況を話し合います。どのような力を子どもに育成するのか、そのために何をするのかが明確になり、授業に対する意識も変わると言います。教員は、単元レベルの評価を大事にし、その結果は、次の単元につなげるとともに、2つ目の学校評価の資料となって反映されていきます。

## 4 1年に2回学校評価を実施し、1回目の結果を授業や教育課程にフィードバック

9月と12月に、保護者、子どもが日ごろの学習指導等について評価を行います。子どもたちは配布されているタブレットを使い、保護者にはQRコードから評価用のフォームを読み込んでもらってアンケートに回答してもらいます。

9月の評価結果は、10月上旬には出され、教員はそのデータを基に、後期の授業改善を進めます。次年度につなげるものもありますが、1回目は、後期の授業改善につなげることを重視しています。

調査データは、ICT支援員のサポートを受けながら、学校及び学級ごとの一覧に整理され、評価を指導に反映しやすくしています。教員も自己評価に取り組み、子どもや

保護者の結果と照らし合わせながら、以降の授業改善につなげていきます。

12月の評価結果は1月に出され、授業改善に反映するとともに、9月の評価結果と合わせ、次年度の教育課程編成に活用されます。近年では、タブレットの活用や総合的な学習における外部人材の活用などに関して多くの改善点を得ることができると言います。

## 5 コミュニティ・スクールからの意見の反映、そして第三者評価

年2回の学校評価の結果は、隔年で行われる第三者評価の委員に報告され、改善に向けた助言を受けます。ここで受けた助言は一つの評価資料として整理され、2回の学校評価の結果と合わせてコミュニティ・スクール（本校では「地域学校運営協議会」と称している）のメンバーに報告され、学校経営に関する意見をもらいます。

この意見は、次年度の教育目標や教育方針、指導の重点に反映されていきます。これらの一連の評価結果や改善策は、資料や報告書の紙媒体、あるいはHP等を通じて、保護者にも、教育委員会にも報告されます。また、教育委員会から示された学校評価の共通項目（教員10項目、子ども・保護者は各5項目）の結果は、教育委員会で分析され、次年度の教育施策に反映されていきます。

校長が、前年度の学校評価に基づき、教育目標や方針を立て、教員との面談を通じて

共通理解を図り、教育目標と授業実践、つまり教育課程の編成と実施をつなぎます。そしてその状況は、教員個々の日常的な評価に加え、子ども・保護者、第三者、コミュニティスクールから評価を受け、その結果を基に組織的かつ意図的に改善を図るサイクルを創り出しています。そうすることでPDCAが回ります。

カリキュラム・マネジメントが強調されたから、何か新たな評価をはじめたというわけではなく、学校教育目標の実現のために、授業に取り組み、それぞれの立場からの評価をもとに、教育課程改善に生かすという軸を通すことが、地道ですが効果を発揮していいます。それを支えているのは、校長やミドルリーダー、教職員のマネジメント・マインドです。

## カリキュラム・マネジメント実践を学びの質保証につなげる

ここでは、インタビューの調査結果やフィンランドでの学校訪問調査等を通じて得た知見をもとに、カリキュラム・マネジメント実践を学びの質保証につなげるための工夫を考えてみたいと思います。

## 1 カリキュラム・マネジメントで「教育目標」と「授業」をつなぐ！という意識をもつ―その第一歩は校長から

新しい取組を校内で浸透するにあたっては、以前より教員への十分な情報提供や支援体制が課題となっていましたが、前述のインタビュー調査では、その情報提供や支援体制を構築するためには、学校内で次の装置が連動して機能することが求められるという証言を得てきました。

●校長（管理職）がビジョンを提示すること
●そのビジョンをミドルリーダーが理解し、教職員と共有すること
●それを定着するための教職員相互の交流機会・場を確保することなど

これは、今後、組織が学習・成長し、それにともなって個々の教師が成長し、最終的に子どもたちに高い価値（＝よりよい授業・学級の実現等）がもたらされる組織学習へとつながる可能性があると考えます。ただし、明らかになった要因を裏返してとらえると、「教育目標」と「授業」が別次元で語られ、「経営」と「実践」が分断された状況があると解

釈することもできます。

カリキュラム・マネジメントの取組は、一体的にとらえにくいこれらの状況を「つなぐ」役割を果たし、組織としての教育活動を発展させていく可能性があります。加えて、これらの装置が機能するのを促進するために、（独自の）ツールの活用が有効であり、各学校の創意工夫を見ることができます。

こうした一連の装置を機能させるには、校長が、子どもたちの資質・能力を育成していくうえで、カリキュラム・マネジメントが重要であるという価値認識をもち、経営ビジョン等を通じて教職員に伝えていくことが必要になります。それが第一歩です。

## 2　教員間の「話し合いの時間」の確保はカリキュラム・マネジメント実践の鍵—実践を下支えする組織マネジメントの点検を

前述のインタビュー調査を通じて、教員間の話し合いや日々の実践を交流する機会が広がっていることを確認することができました。カリキュラム・マネジメントは教育行政サイドからもたらされたものです。しかし、その実践は、子どもの教育に責任をもつ教師がそれぞれの学校において行うものであり、そのための教師の実践知の交流機会・場は、いままで以上に求められていると思います。

話し合いの時間確保の重要性と困難さは、多くの教員から語られていました。伏木・坂田（２００９）は、総合的な学習の運営に着目し、教員に対する満足度要因の調査・分析から、教員への十分な情報提供や支援体制が築かれていなかったことを報告していますが、この「支援体制」の不十分さは、カリキュラム・マネジメント実践においてもまだ継続している課題だといえます。

たとえば、教員間の話し合いの時間を確保すること、あるいは外部講師とコンタクトしやすくすることなど、カリキュラム・マネジメント実践を下支えする組織への着目は重要です。そのためには、管理職による環境状況の的確な解釈と、それに基づくビジョンづくりが必要になります。

このことは、教員の育成という面にも通じます。今回取材した事例については、多くの場合に取組の先に授業改善を望んでいましたが、そこへの波及効果は教員によって異なります。

その差は、教員の実践力が課題になることもあれば、意識の面で課題になることもあるでしょう。その意味で、それぞれの教師がどのようにして専門職としての力量向上のプロセスをつくり出していけるかについて、自己の省察と管理職による支援を欠かすことはできません。

**資料5　ケスキパロカン小学校第6学年Cクラスの1週間の時間割表**

<table>
<tr><th></th><th colspan="2">月曜日</th><th colspan="2">火曜日</th><th colspan="2">水曜日</th><th colspan="2">木曜日</th><th colspan="2">金曜日</th></tr>
<tr><td>8:00</td><td colspan="2">スウェーデン語</td><td colspan="2">フィンランド語</td><td colspan="2">スウェーデン語</td><td colspan="2">手芸</td><td colspan="2">＼</td></tr>
<tr><td>9:00</td><td colspan="2">英語</td><td rowspan="4">eheytetty<br>最適化</td><td>算数</td><td colspan="2">運動</td><td rowspan="4">eheytetty<br>最適化</td><td>フィンランド語</td><td colspan="2">音楽</td></tr>
<tr><td>10:10</td><td colspan="2" rowspan="2">美術</td><td>環境学</td><td colspan="2">フィンランド語</td><td>社会</td><td colspan="2">スウェーデン語</td></tr>
<tr><td>11:15</td><td>フィンランド語</td><td>英語</td><td>算数</td><td>環境学</td><td colspan="2">算数</td></tr>
<tr><td>12:15</td><td colspan="2">運動</td><td>算数</td><td>英語</td><td>算数</td><td>算数</td><td colspan="2">宗教</td></tr>
<tr><td>13:15</td><td>英語</td><td>フィンランド語</td><td colspan="2"></td><td colspan="2">歴史</td><td colspan="2"></td><td colspan="2"></td></tr>
<tr><td>14:15</td><td colspan="2"></td><td colspan="2"></td><td colspan="2">手芸</td><td colspan="2"></td><td colspan="2"></td></tr>
</table>

＊eheytettyと書かれた時間帯は、教師の裁量が認められ、教師が協働的に授業を行うことが可能になっている。また斜線の時間には２科目が設定され、学級を２つに分けて指導を行うなどしている。

## 3　教師協働の可能性を広げる創造的で楽しい工夫

資料5は、私たちが2020年3月にフィンランドのケスキパロカン小学校（Keski-Palokan koulu）を訪問した際に、校長先生から示された第6学年C組の1週間の時間割表です。資料中のeheytetty（最適化や統合の意味を表す）と書かれた欄は、各教師の裁量が大きく認められている時間帯として設定されています。

火曜日と木曜日の2回、9時から午前中いっぱいの枠です。6年生の他の学級も同様に設定されているので、この2日間は、教師協働による学習が組みやすくなります。学年教師の得意分野を生かした授業交換による教科担任やティーム・ティーチング、さらには学年協働で取り組む教科等横断的な学習などが可能になります。協働で取り組まない場合には、時間割に示された教科の授業を進めます。

さらに月曜日5限は英語とフィンランド語、水曜日4限と5限は英語と算数といったように2科目が設定され、学級を2つに分けて授業を行うなど工夫しています。校長としては、**資料4**のような環境整備を進め、協働的な実践の広がりを願っていました。

教科等横断的なカリキュラムの開発を進めるためには、ナショナル・コア・カリキュラムの整備だけでは十分ではなく、その実質化のために、前述の時間割の設定など、教師たちが取り組みやすくなる組織マネジメントが重要であると指摘しています。

## 4 ミドルリーダーは校内に分散し、縦・横につなぐ役割と関係性をもっている

前述のインタビュー調査結果からは、カリキュラム・マネジメントの推進に関わる研究主任などのミドルリーダーは、次のような役割に取り組んでいることが把握できました。以下はその要約です。

●学校経営のビジョンと教員・実践をつなぐ。

●自ら試行し、その成果・課題を校内に広げる（ハードルを下げる意味も）。
●新たな情報を収集し、校内に広げる。
●同僚の取組を価値付けたり広げたりする。

これらは5校（12名）からの聞き取り結果ですので、これ以外の役割も考えられます。

＊

2007年の学校教育法の一部改正において、学校には、副校長、主幹教諭、指導教諭という職が創設され、組織運営体制の在り方にも変化が生じています。露口健司（2018）は、校長がコントロール可能な組織への構造変換が進められてきたことを指摘したうえで、目標達成系統や意思決定系統が機能するため、下位単位への権限移譲（エンパワーメント）が可能になり、「分散モデル」が主張されるようになること、各部門がミドル層の力によって自律的に改善行動を促進するような組織づくりが指向されるようになることと述べています。

次頁の**資料6**と**資料7**は、妹尾大（2015）による組織モデルです。**資料6**の「階層的分割モデル」では、トップが「環境」を認識して意思決定をします。学校教育に置き換えて考えるなら、この「環境」は、たとえば、保護者からの学力向上の期待や学習指

**資料6　階層的分割モデル**

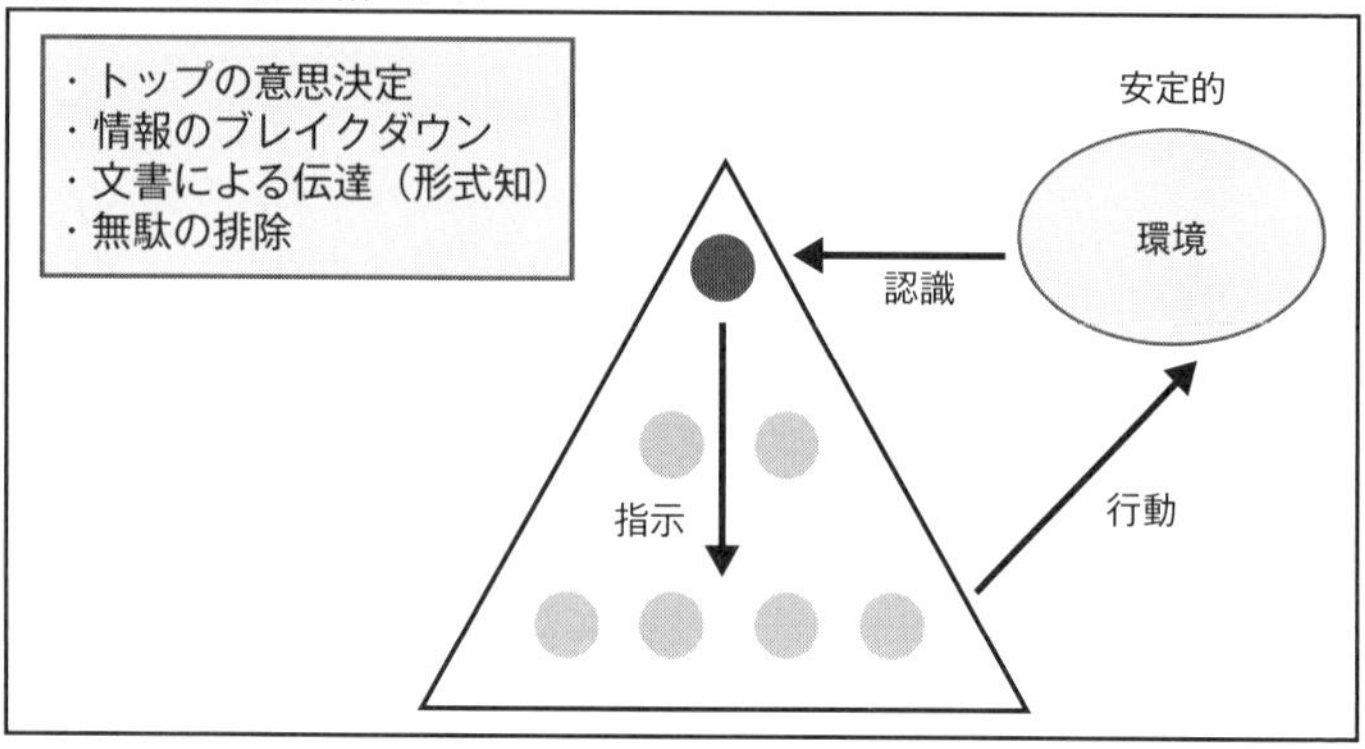


※妹尾大（2015）「知識創造理論の現在　知識創造を目指す「場」のデザインとは」中原淳編著『人事よ、ススメ！―先進的な企業の「学び」を描く「ラーニングイノベーション論」の12講』碩学舎より引用して作成

導要領の改訂など、さまざまな教育課題や学校教育への期待等が挙げられるでしょう。

意思決定とは、環境に対する戦略ですから、トップが環境を認識して指示・命令を行い、スタッフがその実現に向けて行動するというスタイルです。妹尾は、このモデルが効果をもたらすことができるのは環境が安定的であるときのみだと言います。

一方、**資料7**は「融合モデル」です。管理職だけでなく、ミドルリーダーたちも環境を認識し、意味付けし、意思決定を行います。

ここで重要になるのが、暗黙知を交換していく「すりあわせ」であると言います。実践知を交流していく機会や場の重要性は、私たちがインタビュー調査を進めてきたなかでもずいぶんと指摘されていました。当然、組織がどういっ

**資料7　融合モデル**

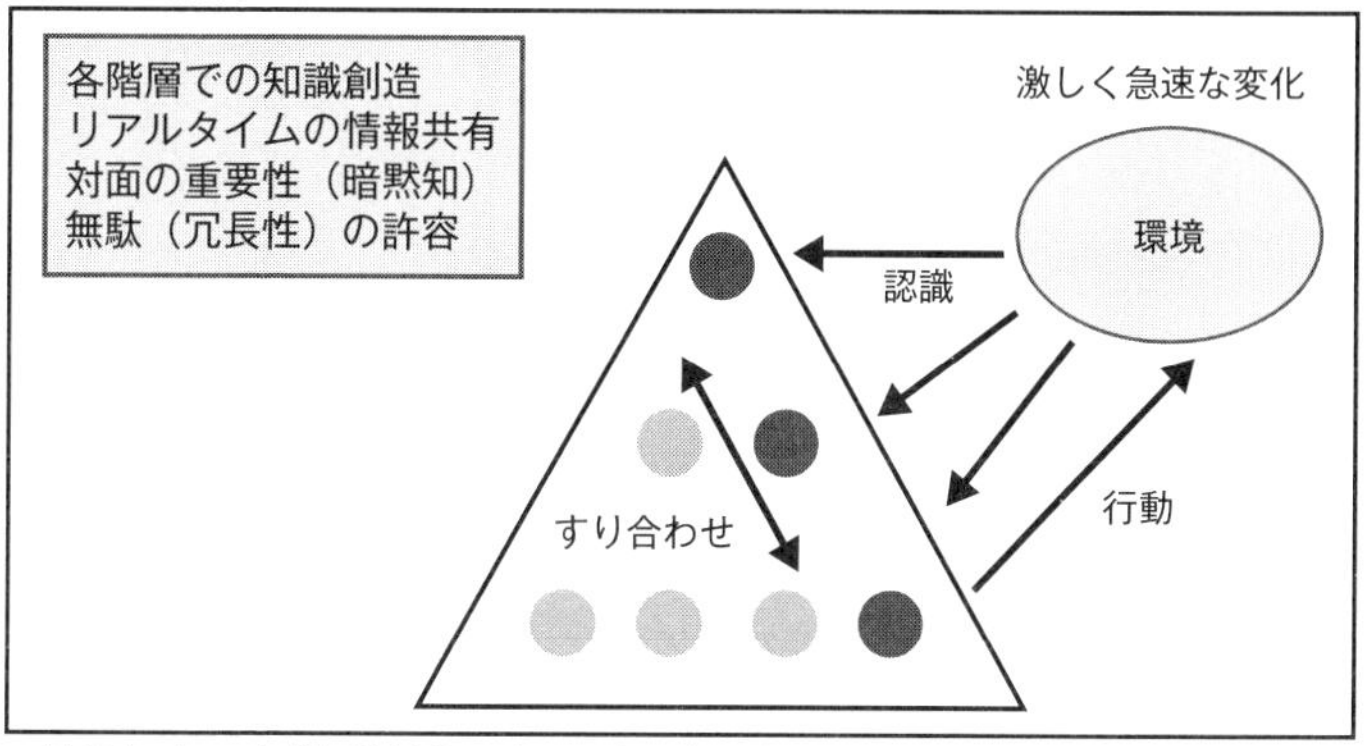


※妹尾大（2015）「知識創造理論の現在　知識創造を目指す「場」のデザインとは」中原淳編著『人事よ、ススメ！─先進的な企業の「学び」を描く「ラーニングイノベーション論」の12講』碩学舎より引用して作成

たミッションをもっているかという点は、すり合わせを進めていくうえでも重要なファクターになるはずです。

妹尾は、過去に成功したやり方も、環境が変わるとパフォーマンスが発揮されないことを指摘しています。確かに、今日、教師に求められているＩＣＴのリテラシーなどは、教職経験を積めばおのずと身に付くというものではありません。

学校教育を取り巻く環境が大きく変化するなかで、その環境を誰がどのようにとらえ、イノベーションを進めていくかという視点は重要です。そのためには、校長が、組織を構成する教職員の強みを含めて内外の環境を適切にとらえ、その解決に向けて、誰にどのような役割を委ねるかという判断は、学校運営を進めていくうえで重要になります。

# 校内研修等を通じてカリキュラム・マネジメント能力を高める

ここでは、カリキュラム・マネジメントを進めるために、校内研修や打合せ等で活用できるワークシート等を紹介します。

## 1　教育目標と育成を目指す資質・能力の関連を明らかにする

カリキュラム・マネジメントを進めていく一つ目のポイントは、学校の教育目標と授業の風通しをよくすることです。

教育目標は、それぞれの学校が、子どもや地域の実態、さらにはその学校で伝統的に大切にしてきたことなどを背景にして設定されていることが多くあります。学校により、また学校種により表現はさまざまですが、知・徳・体のそれぞれを大切にした教育目標が多くみられます。

一方、授業は、３つの資質・能力の育成が目標になるので、学校教育目標との関連がやや見えにくくなっています。つまり、教育目標こそが、カリキュラム・マネジメントや授業実践の指針となるわけであり、育成を目指す資質・能力との関係を、その背景や理由を含めて十分に理解し、共通理解を図っておくことがきわめて重要になります。

次頁の**資料8**は、京都市立下京中学校の令和3（2021）年度の教育目標です。本校は、2020年より、国立教育政策研究所の研究指定を受け、カリキュラム・マネジメントの研究に取り組んできた学校です。

教育目標「人の心を大切にし、多様な学びを通して持続可能な社会の担い手を育成する」ですが、文末の『持続可能な社会の担い手』には、7つの力（主体性・自己表現力・創造力・論理的思考力・問題解決力・協働力・忍耐力）があり、それを基に3つの「目ざす子ども像」〈Art〉〈Science〉〈Toughness〉に設定しています。そして、その子ども像を、育成を目指す3つの資質・能力との関係を考え、椅子のデザインに表して整理しています。

また、**資料9**は、東京都調布市立調布中学校の職員室内に掲示してある学校教育目標と資質・能力との関係図です（マトリックスで示してあります）。

本校も2018年、2019年と市の研究推進校の指定を受け、カリキュラム・マネジメント等の研究に取り組んできました。校長先生からは、これを職員室に常に掲示することで、「教職員がチームとしてどんな生徒を育てていこうとしているのか」を共有で

## 資料8　令和３（2021）年度の教育目標（京都市立下京中学校）

### 1．学校教育目標

（1）校是

— 志　きらめく —

Art　Science　Toughness

（2）教育目標

「人の心を大切にし、多様な学びを通して
持続可能な社会の担い手を育成する」

＊『持続可能な社会の担い手』とは･･･７つの力を習得すること
（主体性・忍耐力・協働力・自己表現力・論理的思考力・問題解決力・創造力）

（3）目ざす子ども像

豊かな感性・表現力・想像力のある生徒〈Art〉

論理的に真理を追究し、知性あふれる生徒〈Science〉

社会のため、自身の夢に向かって、果敢に挑戦できる生徒〈Toughness〉

（4）学校教育目標と学習指導要領における資質・能力とのつながり

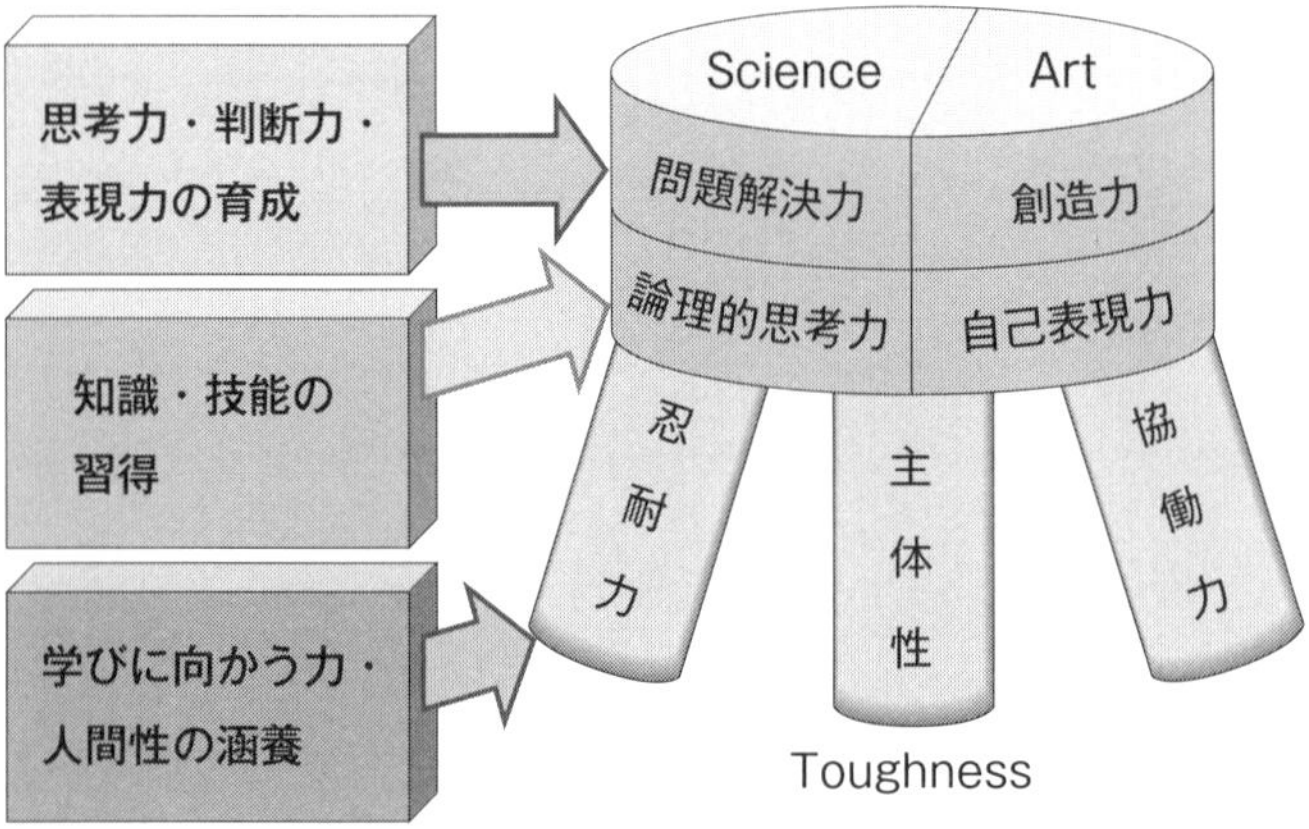

資料9　学校教育目標と資質・能力との関係図（東京都調布市立調布中学校）

| | 知<br>自ら学び<br>深く考えよう | 徳<br>礼儀正しく思いやりの心をもとう<br>勤労を重んじ進んで奉仕しよう | 体<br>身体を鍛え<br>たくましく生きよう |
|---|---|---|---|
| 知識及び技能 | ・基礎基本（的な技能）が身に付いている。 | ・人権感覚がしっかりと身に付いている<br>・色々な人がいることを知る<br>・マナー、言葉遣いが正しくできる生徒<br>・あいさつを始めとした言葉によるコミュニケーション力のある生徒 | ・自分の心身について知る<br>・運動の専門性、技能、体力を付ける<br>・将来激変する社会の中で、どんな体、精神力が大切なのかがわかる |
| 思考力、判断力、表現力等 | ・自分で発見し、伝えられる生徒<br>・身に付いたものを使える生徒<br>・基礎、基本的知識を使える生徒 | ・善悪を判断でき、行動で実践できる生徒<br>・規範意識を常に持ち、行動できる生徒 | ・基本的な生活習慣に付け、健康的に生活できる |
| 学びに向かう力、人間性等 | ・常に探究心を持ち、学ぶことができる生徒<br>・先の見通しを持ち、学び続けられる生徒<br>・意欲を持って学習に臨み、自分の生活を豊かにできる生徒<br>・日常生活の中で問題を解決しようとする生徒 | ・相手を認め尊重する心のある生徒<br>・仲間と協力して行動できる<br>・相手のことを考えられる<br>・人のために自分の力を出せる<br>・社会に役立つために行動できる | ・どんな状況でもやり抜こうとする生徒<br>・健康に生きるための生涯スポーツ |

きるとうかがいました。

さて、次頁の**資料10**は、教育目標と3つの資質・能力との関係を明らかにしていくためのワークシートです。下京中学校や調布中学校、さらには田村学（2019）を参考にしています。

上段は、学校教育目標と資質・能力の関係を、下段は学年教育目標と資質・能力の関係を検討する際に活用します。上段のものは、おそらく管理職も加わった委員会等で検討されることでしょう。下段については、上段のフレームが確定したところで、例えば学年教員の打ち合わせの際に活用します。そうすることで、

**資料10　教育目標と３つの資質・能力の関係を明らかにするためのワークシート**

| | 学校の教育目標（育成を目指す子どもの姿） | 知識及び技能 | 思考力、判断力、表現力等 | 学びに向かう力、人間性等 |
|---|---|---|---|---|
| 学校 | | | | |
| | | | | |
| | | | | |

↓

| | 学年の教育目標（育成を目指す子どもの姿） | 知識及び技能 | 思考力、判断力、表現力等 | 学びに向かう力、人間性等 |
|---|---|---|---|---|
| 学年 | | | | |
| | | | | |
| | | | | |

授業を行う際に、学校教育目標、学年教育目標、そして授業との関連が明確になるはずです。

## 2 「つなぐ、生かす、広げる」をキーワードに、教科等横断的な授業づくりに取り組む

それぞれの教員が高めたいカリキュラム・マネジメント能力のひとつに、教科等横断的あるいは他教科等との関連を図った授業を構想していく力が挙げられます。

そのためには、まず、各教科等の単元配列を俯瞰的にとらえることができる状態にしておくことが大切です。田村（２０１９）は、そのなかでも、関連付けしやすい総合的な学習の時間や低学年の生活科を単元一覧表の中核にすることが効果的だと言います。

**資料11**は、東京都調布市立調布中学校の職員

室前の様子です。単元一覧表を廊下に掲示しているのは、生徒にもそれぞれの教科等の学習内容を関連的にとらえさせたいと考えているからです。

**資料11　廊下に掲示した各学年の単元一覧表**
**（東京都調布市立調布中学校）**

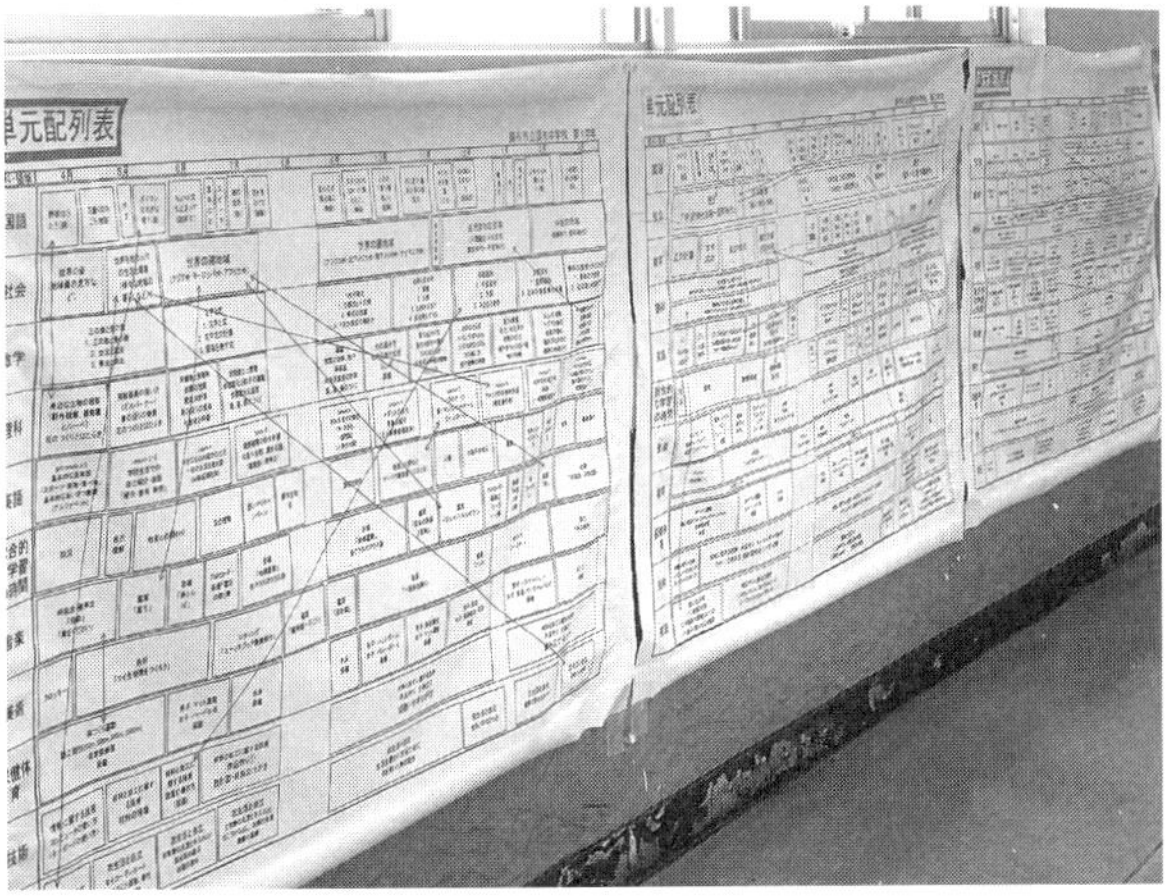


では、こうした単元一覧表を活用しながら、どのように教科等横断的な授業を構想していくことができるでしょう。

そのキーワードは、「つなぐ」「生かす」「広げる」です。実際に、単元を構想する際にこの3つのキーワードで考えてみます。

「つなぐ」には、「教育目標」と「授業」、「教科」と「教科」、「自分」と「同僚」、「子どもたち」と「外部人材」などさまざまなつながりがあります。

「生かす」は、「他教科で学んだことや身に付けたこと」を「この授業に生かす」という側面です。

「広げる」は、「この授業で学んだことや身に付けたこと」を「他の教科等に広げる」という側面です。もちろん「深める」という場合もあるでしょう。

**資料12　教科等横断的な視点で単元を構想するためのワークシート**

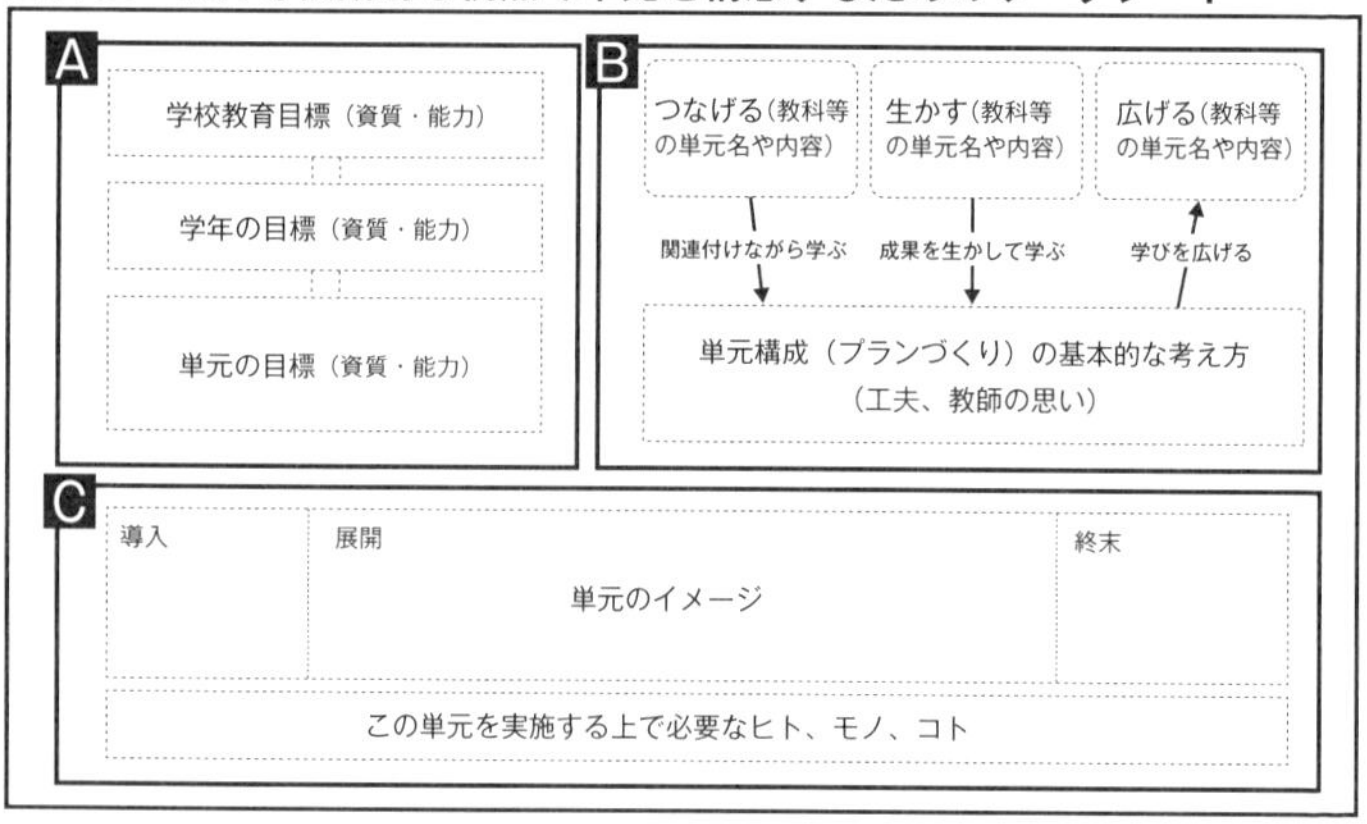


**資料12**は、教科等横断的な視点で単元を構想する際に活用するシートとして考案したもので、用紙以上の大きさにして使用するとよいと思います。

このシートには、3つのエリアがあります。説明のために、それぞれのエリアに、ABCと付けました。

Aは、学校の教育目標、学年の教育目標、そして実践する単元の目標を関連付けて考えるためのエリアです。学校・学年の教育目標は、事前に書き込んでおくと作業が楽になります。また、それぞれを3分割し、3つの資質・能力で表しておくと、教育目標と実践との関係が鮮明になります。

Bは、この単元を実施するにあたって、他の教科等の学習内容や子どもたちが身に付けたことなどの関連を考えるエリアです。「つなげる」「生かす」「広げる」というシンプルなキーワードで示しています。

資料13　生活科、総合的な学習の時間の単元を構想するワークショップ

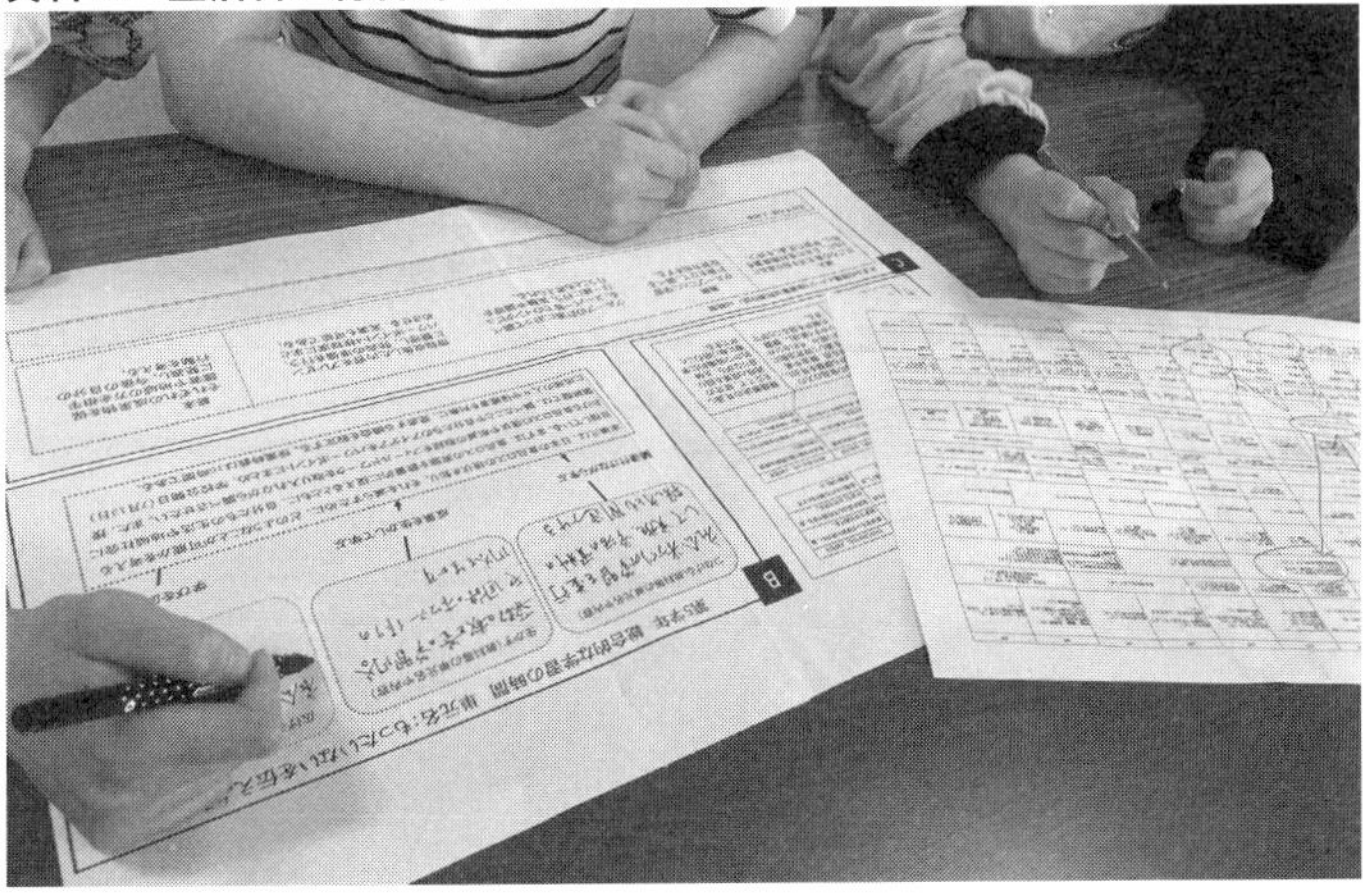

「つなげる」は、同じ時期に学習を進めると効果的という内容です。たとえば、５年生の総合的な学習の時間で「米」に関連したテーマを学習するには、社会科の農業生産の学習と同時期に行うと効果的です。

「生かす」は、他教科等ですでに学んだこと、身に付けたことを生かして学ぶということです。例えば、算数で学習したグラフの表し方や面積の求め方、単位などは、米をテーマとした学習にも大いに生かせます。

Cは、単元のイメージと実施に必要な人的・物的環境を検討するエリアです。単元のイメージは、導入・展開・終末を、Bのエリアで検討した「つなげる」「生かす」「広げる」を意識しながら、大まかに構想します。

他教科等とのつながりを考えて導入をイメー

ジすると、これまでと違った学習活動が考えられるかもしれません。このイメージが、やがて単元の指導計画になります。

また学習内容によっては、地域の人たちの協力を得る場合もあるでしょうし、教室以外の場所で学ぶこともあるでしょう。**C**の下段は、子どもたちがよりよく学んでいけるようにするための学習環境を考えるエリアです。カリキュラム・マネジメントの3つ目の側面である、人的・物的環境の整備につながるエリアですので、当然、管理職に相談したり、地域の方と連絡を取ったりする場面も出てくるでしょう。

すでに紹介したインタビュー調査結果からも明らかなように、教科等横断的な授業を進めていこうとする際、教員同士の話し合いが重要なポイントになります。このシートは、そうした話し合いの場面で、話し合いに参加しているそれぞれのアイデアをつないだり、イメージを見える化したりするために検討したものです。

また、校内研修としてこのデザイン図の作成を行う場合には、拡大コピー機で模造紙台にして実施するといいでしょう。

（中田正弘）

〈註〉

※本稿は、中田正弘、坂田哲人、町支大祐、荒巻恵子（2022）「カリキュラム・マネジメントを推進する要因に関する研究」『白百合女子大学初等教育学科紀要』第7号に掲載されたものを一般向けに修正・再執筆したものです。

〈引用・参考文献〉

・柴田義松（2003）「教科」今野喜清、新井郁男、児島邦宏編『新版学校教育辞典』教育出版、228〜229頁
・妹尾大（2015）「知識創造理論の現在　知識創造を目指す「場」のデザインとは」、中原淳編著『人事よ、ススメ！——先進的な企業の「学び」を描く「ラーニングイノベーション論」の12講』碩学舎、241〜296頁
・田村学（2019）『「深い学び」を実現するカリキュラム・マネジメント』文溪堂
・中央教育審議会（2016）「幼稚園、小学校、中学校、高等学校及び特別支援学校の学習指導要領等の改善及び必要な方策等について（答申）」
・町支大祐、中田正弘、坂田哲人、荒巻恵子（2020）「カリキュラム・マネジメントに関する教員の意識調査」『帝京大学大学院教職研究科年報11号』21〜28頁
・露口健司（2018）「マネジメント基本概念の整理」、『教職研修』2018年10月号、教育開発研究所、24〜26頁
・中田正弘、町支大祐（2019）「小学校の教育課程におけるカリキュラム・マネジメントとアクティブ・ラー

ニングとの関係に関する研究：学校の状況を踏まえた分析に着目して」初等教育カリキュラム学会『初等教育カリキュラム研究7号』31〜40頁
・中野重人（１９９２）『改訂　生活科教育の理論と方法』東洋館出版社
・西岡加名恵（２０１８）「カリキュラム評価」田中耕治編『よくわかる教育課程［第２版］』ミネルヴァ書房、92〜93頁
・伏木久始、坂田哲人（２００９）「総合的な学習に対する教師の意識についての調査研究―総合的な学習の実践に関する満足要因、不満足要因に着目して」信州大学教育学部附属次世代型学び研究開発センター紀要「教育実践研究No.08」21〜32頁
・水越敏行（１９８２）『授業評価研究入門』明治図書出版、19〜23頁
・文部科学省（２０１６）「学校評価ガイドライン（平成28年改訂）」
・文部科学省（２０１７）『学習指導要領解説総則編』（小学校および中学校を参照）
・山辺恵理子、木村充、中原淳（２０１７）「データで見るアクティブ・ラーニング　全国高校実態調査２０１５」『ひとはもともとアクティブ・ラーナー！未来を育てる高校の授業づくり』北大路書房、1〜37頁

# おわりに

本書の最大の関心事は、タイトルにもある「学びの質保証」です。学習機会の保障もさることながら、私たちは、「学びの質をいかに保証していくか」に着目してきました。

もちろん、学びの質保証において学習機会の保障は欠かせませんが、学習機会があっても質保証につながるとは限りません。

たとえば、１９７１（昭和46）年の中央教育審議会答申（「今後における学校教育の総合的な拡充整備のための基本的施策について」）は、初等・中等教育の根本問題として「現実には形式的な平等を強調するあまり、かえって基礎的な能力もしっかり身につかなかったり、形式的な履修だけで学校を終わる者が多くなる傾向がみられる」と示しましたが、これは、形式的な機会の保障だけでは、一人一人の学びの質保証につながらないことを指摘したものと言えます。

この問題からの脱却を目指すように、わが国の学校教育では、「個に応じた指導」が幾度となく強調されてきました。「令和の日本型教育」の提案もその延長にあると考えます。

一方で、私たちが訪問調査を実施してきたオランダやフィンランドの学校では、もともと20人程度の規模の学校で、個別化・個性化を基礎とした教育を展開していることもあり、あえて個に応じた指導の必要性等に関する語りは聞かれませんでした。つまり、**集団一斉型の教育を基礎としてきた日本だからこそ、その改善策としての「個に応じた指導」が重要施策となり、その実施上の困難さが教育課題になっている**と考えられます。

本書を執筆している期間も、校内研究会等で、先生方から、個に応じた指導を展開するための工夫や課題等をうかがう機会がありましたが、その根底には、子どもたち一人一人の学びの質をどのように保証していくかという熱い思いがありました。

この問題意識は、日本もオランダもフィンランドも共通しています。私たちはここに新たな方向性を見いだすきっかけがあるのではないかと考えたのです。

「学びの質保証」について検討する場合、真っ先に思い浮かぶのは、学習の結果に対する評価です。子どもたちの学習成果をペーパーテスト等で測り、再び指導に生かす、あるいは指導改善につなげるという方法は、学びの質保証の側面からも重要です。文部科学省が毎年実施している全国学力・学習状況調査も質保証の仕組みの一つです。

私たちは、こうした評価機能の効果をふまえたうえで、**学びの結果ではなく、学びの質保証に向けたプロセスに焦点を当てることが必要である**と考えてきました。それが、学習者のエージェンシーやオートノミーの育成、ICTの活用、人材開発・組織開発、教師の創造的な営みとしてのカリキュラム・マネジメントなどのキーワードとなってそれぞれの章に埋め込まれています。本書を手に取ってくださったみなさまには、ぜひご一読いただければ幸いです。

本書にかかる研究を進めるにあたり、多くの学校や教育委員会を訪問し、お話をうかがう機会をいただきました。新型コロナウイルス感染拡大に伴い、学校教育は大きな制限を受けていた期間でもありましたが、「これからの教育のためならば」と快く受け入れてくださり、先生方の貴重な実践や思いを聞かせていただくことができました。心より感謝申し上げます。

最後に、本書の企画から出版に至るまで多大なるお力添えをいただきました東洋館出版社の高木聡さんに深謝申し上げます。

令和5年10月吉日　中田正弘　執筆者を代表して

〈執筆者一覧〉
**中田正弘（なかだ・まさひろ）**
白百合女子大学人間総合学部初等教育学科教授
東北大学大学院教育学研究科後期博士課程修了、博士（教育学）　専門は教育課程経営論、社会科教育学、教師教育学。
主な著書は『リフレクション入門』（共著、学文社、2019年）、『ポジティブ＆リフレクティブな子どもを育てる学級づくり』（編著、学事出版、2020年）、『データからデザインする教師の組織的な学び』（編著、学事出版、2022年）など。

**坂田哲人（さかた・てつひと）**
大妻女子大学家政学部准教授
慶應義塾大学大学院政策・メディア研究科後期博士課程単位取得満期退学、修士（政策・メディア）
専門は人材開発、組織開発、教師教育学・保育者養成学。
主な著書は『現代の教育改革と教師』（共著、東京学芸大学出版会、2011年）、『リフレクション入門』（共著、学文社、2019年）、『ポジティブ＆リフレクティブな子どもを育てる授業づくり』（共著、学事出版、2020年）など。

**町支大祐（ちょうし・だいすけ）**
帝京大学大学院教職研究科専任講師
東京大学大学院教育学研究科博士課程単位取得満期退学、修士（教育学）　専門は教師教育学、教育経営学、教育工学。
主な著書は『教師の学びを科学する：データから見える若手の育成と熟達のモデル』（共著、北大路書房、2015年）、『データから考える教師の働き方入門』（共著、毎日新聞出版、2019年）、『教員の職場適応と職能形成』（共著、ジアース教育新社、2021年）など。

# 学習者主体の「学びの質」を保証する

2030年の学校教育を見据えた
子どもと教師の学びの姿とは？

---

2023（令和５）年11月20日　初版第１刷発行

著　者　中田正弘、坂田哲人、町支大祐
発行者　錦織圭之介
発行所　株式会社　東洋館出版社
〒101-0054　東京都千代田区神田錦町2-9-1
コンフォール安田ビル2階
代　表　TEL 03-6778-4343
営業部　TEL 03-6778-7278
振替　00180-7-96823
URL　https://www.toyokan.co.jp
装　幀　中濱健治
印刷・製本　藤原印刷株式会社

ISBN978-4-491-05164-2　Printed in Japan